U0592052

陕西历史博物馆壁画大型展柜柜内微环境场分布研究

杨文宗　金紫琳　王　佳　　著
李　倩　李　杰

科学出版社
北　京

内 容 简 介

陕西历史博物馆建设开放唐代壁画珍品馆，这是我国第一座唐墓壁画馆，也是国内最大、设备最先进的唐代壁画专题陈列馆。为了更好地评估陕西历史博物馆唐代壁画珍品馆大型展柜的环境控制效力，提高馆藏壁画的保护效力，博物馆申请通过了陕西省重点研发计划项目——"大型展柜柜内微环境场分布研究"，项目在壁画展柜内气体环境及馆内柜外环境的实时监测数据基础上，选取壁画馆具有代表性的三幅壁画，对壁画馆大型展柜柜内微环境文物保存环境进行温湿度的立体监测、光照和气体监测，对壁画本体进行表面温度和裂隙监测，旨在了解壁画馆大型展柜柜内微环境的温湿度分布情况，判断文物保护环境及本体病害发育的变化，研究文物与环境影响因素之间的关系，创造最佳的文物保存环境，实现对文物蜕变损坏的有效控制，提高文物保护科技水平。

本书将以"大型展柜柜内微环境场分布研究"的研究成果为基础，系统公布柜内微环境三维立体场一手数据资料，经过数据分析、处理，以三维图像形式表现出展柜内微环境的实时状况，并通过大量的数据研究工作，掌握壁画文物保存最佳环境各项指标，为大型复合材料的壁画类文物保护提供相对量化的标准，从而指导此类文物预防性保护工作的开展。

本书适合考古学、博物馆学及相关专业的高等院校师生参考、阅读。

图书在版编目（CIP）数据

陕西历史博物馆壁画大型展柜柜内微环境场分布研究/杨文宗等著. —北京：科学出版社，2024.3
（陕西历史博物馆学术文库）
ISBN 978-7-03-078175-8

Ⅰ.①陕… Ⅱ.①杨… Ⅲ.①壁画－藏品保管（博物馆）－环境因素－研究－陕西 Ⅳ.①K879.414②G264.2

中国国家版本馆 CIP 数据核字（2024）第 053597 号

责任编辑：王 蕾／责任校对：邹慧卿
责任印制：肖 兴／封面设计：金舵手世纪

科 学 出 版 社 出版
北京东黄城根北街 16 号
邮政编码：100717
http://www.sciencep.com

北京中科印刷有限公司印刷
科学出版社发行 各地新华书店经销

*

2024 年 3 月第 一 版 开本：720×1000 1/16
2024 年 3 月第一次印刷 印张：10 1/4
字数：206 000
定价：**118.00 元**
（如有印装质量问题，我社负责调换）

作 者 简 介

杨文宗，1963 年生于陕西蒲城，大学本科学历。1982 年至 1985 年入伍武警延安支队，1986 年至 2023 年先后在陕西省博物馆、陕西历史博物馆工作。历任陕西历史博物馆保管部文保科副科长、陕西历史博物馆壁画保护修复研究中心副主任、陕西历史博物馆壁画保护中心办公室主任、陕西历史博物馆馆藏壁画保护修复与材料科学研究国家文物局重点科研基地（简称馆藏壁画国家重点科研基地）副主任。2016 年获评研究馆员。2013 年至今分别被聘请为西安文理学院文化艺术教育中心（博物馆）特聘教授、吉林大学考古学院客座教授、国家艺术基金"唐代壁画保护与修复艺术传承人才培养"项目授课教师、西北大学文化遗产学院课程兼职导师。2020 年获得"三秦工匠"荣誉称号和"陕西省五一劳动奖章"，2022 年获得"全国五一劳动奖章"。

曾主持完成唐代韩休墓、淮南公主墓、新城公主墓、鄂托克旗乌兰镇米拉壕墓等多座高等级、多类型墓葬壁画的揭取搬迁、修复加固工作；负责陕西历史博物馆一级文物秦代大型青铜龙、唐鎏金铁芯铜龙、东汉绿釉陶孔雀灯等不同材质藏品的修复保护；作为专家组组长，前往美国宾夕法尼亚修复唐昭陵六骏之"飒露紫"和"拳毛騧"；在"陕历博支援洛阳古墓博物馆北魏元怿墓壁画修复及新安县北宋墓壁画揭取工作""故宫院藏壁画的保护修复""与陕西洋县智果寺、咸阳市文物保护中心、宁夏固原博物馆、甘肃省文物考古研究所等合作开展壁画保护修复""馆藏壁画国家重点科研基地针对省外建立的甘肃工作站、宁夏工作站、内蒙古工作站推进相关专技合作业务"等诸多项目中负责方案制定和实施。

负责或参与完成《濒危馆藏壁画抢救——馆藏壁画保护综合研究》子课题三《馆藏壁画支撑体技术研究》《陕西历史博物馆馆藏唐墓壁画病害调查研究》，以及"大型壁画砌体的高效自动切割系统研发""大型展柜柜内微环境场分布研究""唐墓壁画分析专用多光谱扫描仪研制与应用""馆藏墓室壁画数字修复技术研究"等国家级、省部级科研课题、项目，获得多项实用新型专利。出版专著有：《陕西历史博物馆馆藏唐墓壁画病害调查研究》（独著，三秦出版社 2015

年版)、《馆藏壁画保护技术》(负责"馆藏壁画支撑体技术研究"的撰写,科学出版社 2011 年版)、《隋代史射勿墓葬壁画修复研究》(第二作者,科学出版社 2022 年版)。在《文物》《中国国家博物馆馆刊》《中原文物》《文物保护与考古科学》《考古与文物》《文博》等刊物上发表论文五十余篇。

目　　录

1 引 言

陕西是中华民族和华夏文明的重要发祥地之一，承载着黄帝陵、兵马俑、延安宝塔、秦岭、华山等众多中华文明、中国革命、中华地理的精神标识和自然标识。中国古代历史上包括周、秦、汉、唐等辉煌盛世在内的十四个王朝或政权都曾在此建都，其丰富的文化遗存、深厚的文化积淀，形成了独特的历史文化风貌。而被誉为"古都明珠，华夏宝库"的陕西历史博物馆则是收藏和展示陕西历史文化以及中国古代文明的艺术殿堂。

陕西历史博物馆位于陕西省西安市南郊唐大雁塔的西北侧，筹建于 1983 年，1991 年 6 月 20 日落成开放，是陕西省规模最大、规格最高的综合性博物馆，也是中国第一座大型现代化国家级博物馆。它的建成标志着中国博物馆事业迈入了新的发展里程。这座馆舍为"中央殿堂、四隅崇楼"的唐风建筑，主次井然有序，高低错落有致，气势雄浑庄重，融民族传统、地方特色和时代精神于一体。馆区占地 65000m²，建筑面积 55600m²，藏品库区面积 8000m²，展厅面积 11000m²，收藏有 171 余万件（组）藏品，上至距今 115 万年的旧石器时代，下至 1840 年前后，时间跨度一百余万年，来源可靠、年代准确、具有典型性、完整性、序列性等特点，其中国宝级文物 18 件（组），一级文物 1700 余件，在数量上位居全国前列。

在陕西历史博物馆琳琅满目的藏品中，尤以典雅庄重、见证礼乐文明的商周青铜器，千姿百态、展现多彩生活的历代陶俑，精美绝伦、重现盛世气象的汉唐金银器，以及举世无双、独步天下的唐墓壁画最富特色。唐墓壁画是指绘制在墓葬墙壁上的艺术作品，是研究唐代社会生活尤其是贵族生活和精神追求的重要实物资料。自 20 世纪 50 年代起，辽宁、内蒙古、河北、北京、新疆、甘肃、宁夏、陕西、山西、河南、四川、广东等 10 多个省、市共发现约 160 座唐代壁画墓，其中又以陕西关中地区发现最多，达到 120 余座，占中国唐代壁画墓总数的 80%，其时间序列之完整、级别之高、内容之丰富，居于全国之首。陕西出土唐墓壁画总体具有以下特征：其一，时间序列完整，从唐高祖武德四年（621 年）

一直到晚唐僖宗文德元年（888年），横跨唐朝近300年历史，且有初唐、中唐、盛唐、晚唐不同时期的明显差别；其二，分布范围广，主要分布在京城长安周围及献陵、昭陵、乾陵、定陵、桥陵、泰陵等皇陵陪葬区，此外，在渭南、宝鸡等地也有发现，以高级贵族墓为主；其三，等级非常高，墓主多为皇亲国戚、战功卓越的武将和权倾一时的宫官，包括一些非汉族的将领或特高级官员；其四，描绘内容极为丰富，不仅有大架卤簿、宴饮朝贺、出行仪仗、狩猎马球、文武官员、宫女内侍等表现皇室官僚宫苑或府邸内外场景的现实性图像系统，还有四神、十二生肖、天象、祥云、瑞鸟等表现宇宙时空和奇瑞图像的神幻性图像系统，几乎涵盖了唐朝自然环境与社会生活的方方面面；其五，绘制水平高，唐代是中国古代壁画艺术发展的高峰期，大量墓葬壁画的市场需求催生了一批专门从事壁画绘制的专业人才，甚至成为绘画行业的主流。《历代名画记》《唐朝名画录》等记载唐代画家206人，其中110人参与过壁画创作。这些特征使得陕西唐墓壁画在唐代乃至整个中国绘画史中都占据着独一无二的地位。

墓葬被发掘之后，壁画与埋藏环境固有的平衡被打破，温湿度、二氧化碳浓度等因素突变，极易导致壁画劣化。由于制作技艺、保存环境、经济状况、保护技术等因素的制约，大多数墓葬壁画无法原址保存，而选择抢救性揭取至室内进行保护，目前关中地区出土壁画主要收藏于陕西历史博物馆、陕西省考古研究院、西安博物院和昭陵博物馆等单位，其中以陕西历史博物馆收藏最多，共收藏有20多座唐墓壁画精品600余幅，面积超过1000m²。其中5件（组）被定为国宝级，69件（组）被定为一级品。

为更好地保存、展示这些珍贵的唐代墓葬壁画，1998年，陕西历史博物馆向陕西省政府报送了《关于成立唐墓壁画馆的可行性报告》，次年，陕西省发展计划委员会（简称省计委）即作出《关于建设陕西历史博物馆项目建议书》的批复，同意建设唐墓壁画馆，并由陕西历史博物馆通过省文物局、省财政厅向财政部提出使用意大利政府贷款的申请。2001年，省文物局正式下发《关于唐墓壁画有关事项批复》，组织成立唐墓壁画馆建设领导小组，并立刻着手唐墓壁画馆建设设计方案和招标事宜。2002年，省计委批复《关于建设我馆唐墓壁画馆可行性研究报告》，并对建设规模、内容及总投资、资金来源予以说明，其中建设补助资金为1083.86万元。2003年，财政部副部长李勇和意大利驻华大使孟凯蒂分别代表两国政府正式签署意大利贷、赠款的谅解备忘录，至此，唐墓壁画馆项目资金全部落实，其中意大利贷款403万欧元，赠款103万欧元，陕西省政府补助资金 1803 万元，省文物局和陕西历史博物馆自筹资金 1300 万元，总计 7300 多万元人民币。2011 年 5 月，这座管理科学、设施先进、功能齐全的现代化展览馆定名为"唐代壁画珍品馆"，并于 6 月 20 日陕西历史博物馆建馆二十周年之际正式对公众开放，共展出包括章怀太子墓客使图、马球图、狩猎出行图，懿德太子墓阙楼图、仪仗图，永泰公主墓宫女图在内的壁画珍品 97 幅，是中国首个以唐墓壁画真品为主题、集保护与展示于一体的常设展览。

"唐代壁画珍品馆"建筑面积 4200cm^2，展馆面积约 3800cm^2，展线长 800m，展柜全部使用了意大利高平公司生产的高度防尘防湿的双层玻璃展柜，展柜内部安装有湿度控制系统和过滤控制系统，且完全密闭，以保障展柜的标准工作环境温度保持在 21℃±5℃，相对湿度范围控制在 50%～80%，照明系统则采用了冷光源（LED），将展柜、展厅的照度分别控制在 37lx、50lx，以便保持布光的高度均匀和画面色彩的真实性，同时，空气也进行了净化过滤，使其达到无硫化物、氮氢化物及颗粒状悬浮物的洁净程度，为面积大、分量重、保护要求高的壁画提供了一个良性的、可调控的微环境。

自 20 世纪 70 年代起，预防性保护的理念开始在全球多个国家博物馆间推广，文物保护行业技术标准 WW/T 0066-2015《馆藏文物预防性保护方案编写规范》中，将预防性保护的定义表述为：通过有效的管理、监测、评估、调控，抑制各种环境因素对文物的危害作用，使文物处于一个"洁净、稳定"的安全保存环境，达到延缓文物劣化的目的。"十二五"期间，国家文物局在国家文物博物馆事业发展规划中提出，"建立科学保护文物的长效机制，推进文物的抢救性保护与预防性保护的有机结合。加强文物的日常保养，监测文物的保护状况，改善文物的保存环境"。"十三五"期间，国家文物局提出"实现由注重抢救性保护向抢救性与预防性保护并重转变，由注重文物本体保护向文物本体与周边环境、文化生态的整体保护转变，确保文物安全。"十四五"期间，在文物保护和科技创新规划中，又进一步提出更详细的馆藏文物预防性保护计划，包括推广基于"平稳、洁净"的预防性保护和微环境控制理念，建立区域性预防性保护中心，推进馆藏环境监测、检测、评估等技术研究与应用。如今，馆藏文物预防性保护的理念和意识已深入博物馆工作的方方面面，馆藏文物微环境的概念也日渐成熟，即与文物直接发生关系的相对较独立的一个有限空间内的封闭环境，以此区别于文物展厅的大气环境，微环境概念的引入将进一步推动馆藏文物预防性保护的精细化研究，同时也将大力推动馆藏文物病害机理的科学研究，建立适合不同材质文物的预防性保护风险防控指标体系。

  陕西历史博物馆自建成开放之日即在预防性保护上投入众多，全馆库房与展厅共配有环境监测终端设备 118 台，并配有"博物馆无线环境监测记录仪监测系统"，该系统可对库房及展厅文物露点／霜点、环境温湿度、VOC、二氧化碳、二氧化硫、光照、紫外线、臭氧、PM0.5、PM1、PM2.5、PM10 等主要参数进行实时连续监测，在环境指标发生大幅突变时，可快速找出发生异常的具体位置，及时采取相应的调控措施。其配备的预防性保护环境监控软件系统可以对监测数据进行存储、整理、挖掘、分析，帮助对未知险情的预警判别，解决博物馆不同区域环境监测数据的宏观监视、评估分析、达标评级等问题，为博物馆"洁净、平稳"的文物赋存环境管理提供科学依据。经过几十年的监测，现已积累了丰富的研究数据。因此，本研究将在陕西历史博物馆近几年壁画展柜内气体环境（大气温湿度、有害气体、VOC、光照、降尘等）、馆内柜外环境的实时监测数据及研究工作的基础上，以"唐代壁画珍品馆"大型展柜柜内微环境为主要研究对象，开展"陕西历史博物馆大型展柜柜内微环境场分布研究"，选取壁画馆具有代表性的三幅壁画（白虎图、宫女图、仪卫图），对展柜柜内温湿度进行立体监测，了解柜内温湿度场的分布情况，并利用现代科学分析技术定期对壁画本体、壁画病害的信息进行采集，以期通过环境监测结果与病害发育规律的结合，分析探究符合壁画保护环境要求的最佳条件，为馆藏壁画预防性保护提供具有借鉴和参考意义的标准。

2 研 究 综 述

2.1 研 究 背 景

馆藏文物环境的监测与控制技术研究，一直是我国文物保护界的热点问题。针对目前博物馆库房、陈列等馆藏文物保存环境缺乏监测及调控的基础性、通用性、关键性应用技术研究，科技部"文化遗产保护关键技术研究"项目中，专门开展了《馆藏文物保存环境应用技术研究》课题，对博物馆文物库藏、展示等环境中的主要危害因素进行分析，形成了微环境质量监测、评价、预防技术与标准，开发了调控微环境的相关材料、技术及文物藏/展柜等设备，奠定了馆藏文物预防性保护的理论与技术基础，并开启了馆藏文物预防性的科学化、系统化研究。同时，国家文物局也在不断完善全国性的馆藏文物预防性保护科研基础平台建设，批准设立了"馆藏文物保存环境"（上海博物馆）和"馆藏文物有害生物控制研究"（重庆中国三峡博物馆）两家国家文物局重点科研基地，为全国的预防性保护科学研究提供了关键的技术支持。

馆藏文物预防性保护是指对馆藏文物保存环境实施有效的监测和控制，抑制各种环境因素对文物产生的损害作用，使文物处于了一个相对"稳定、洁净"的安全环境，尽可能阻止或延缓文物的物理和化学性质改变乃至最终劣化，以达到长久保护和保存馆藏文物的目的。馆藏文物保存环境具体是指文物展示保存的库房、陈列室、储存柜、展柜等室内环境中与文物本身具有直接而密切关系的温湿度、污染气体、光辐射、虫害和霉菌等外在环境因素，这些环境因素与馆藏文物的长久保存有着密切的关系。目前，国内已有上百家博物馆实施了预防性保护工程，主要在展厅及库房环境监测与调控、文物储藏条件等方面开展了大量的基础建设工作。近年来，该项工作已在部分省份的地市级博物馆全面铺开，为各级博物馆藏品的预防性保护硬件提升提供了根本性的保障。

馆藏文物预防性保护的核心策略则是加强馆藏文物的风险管理，它改变了传统的文物保护思维，将被动的文物保护提升为主动的预防性保护，这是目前国内外文物保护领域的发展趋势，也是当前及今后我国文物保护的迫切与重要工作。馆藏文物风险管理的主要内容包括风险评估和风险预防两方面，在文物风险评估领域，上海博物馆（馆藏文物保存环境国家文物局重点科研基地）的吴来明等人提出了基于"洁净"概念的馆藏文物保存环境中的低浓度气态悬浮分子污染物（AMCs）的监测和评价手段，建立馆藏文物保存环境的系统评估方法和模型，为博物馆环境的净化和控制效果评价提供了一种新的方法和依据；上博科研基地联合华东理工大学分析了氧化型气态分子污染物对金属文物腐蚀的影响，探讨了臭氧对铜质文物材料的腐蚀作用机理；对蚕丝纤维织品进行了热老化处理，全面评判了蚕丝纤维结构的变化过程。中国丝绸博物馆对茜草、槐米等纺织品染料进行了光老化实验，研究了染料的褪色规律，同时也引入K线理论的温湿度评估体系、基于微气候控制的风险评估方法、博物馆环境中可直观地评估文物保存环境质量的文物风险最小化综合图谱，以及基于离散程度的中长期评估方法，可为馆藏文物保存环境风险量化提供科学依据。馆藏文物风险预防领域，目前国内也已经有不少关于风险管理和应急管理相关的研究、探讨和应用；张然等基于CPRAM模型构建并设计了藏品风险评估模型系统；李沫也使用CPRAM模型对国家博物馆金属文物在展陈中的风险评估进行了实践和探索；唐铭等提出借助大数据、人工智能等技术的博物馆藏品多场景全流程动态风险管理系统的构想；青岛市博物馆利用CPRAM模型和ABC方法对博物馆进行了全面风险分析，根据评估结果将风险分为了4类，并优先处理第一类高数值低不确定性风险的情况，即展厅光照、不当温湿度等；部分博物馆还在防震、公共安全、消防、大型活动、疫情防控等多个方面制定了应急预案。

汉唐时期的西安是当时中国的政治、文化和经济中心，地下文物资源极为丰富，大量汉唐时期的墓葬壁画是其中极为重要的一部分。唐墓壁画大多绘制在草拌泥墓壁涂抹的石灰质地仗层上，或直接绘制在开挖的墓葬土壁上，由于壁画长期埋于地下，灰泥质地仗材料受潮或遇水而强度降低，导致壁画开裂、空鼓、脱落，甚至坍塌，加之颜料层中的植物或动物胶质由于水解作用失去黏结性，使得颜料层起翘、粉化、脱落等，导致在已发掘的绘有壁画的墓葬中，壁画都有不同程度的破坏，有的甚至完全脱落。由于现场条件和壁画出土状况的限制，原址保护难度极大，所以大多采取了揭取迁移、异地保护的方法，将许多墓葬壁画从墓穴中抢救出来，送进博物馆收藏。随着时间的推移和研究的深入，壁画在新的环境中出现的一些新问题和历史保护材料的局限性日益凸显。

壁画由于其构造特性，长年累月较之其他文物更易受自然环境因素的影响，往往出现裂隙、空鼓、酥碱、粉化、起甲、霉变等病害。导致这些病害发生的因素包括环境温度、湿度、光照、有害气体、粉尘、微生物等，而环境温度和湿度是直接作用于壁画材料的两个最重要的因素。任何壁画材料都有它适宜的温度和湿度界限，超过这一界限，壁画就容易发生病变。由于壁画类文物相对于大多数馆藏文物而言具有体积更大、更难保存的特点，为其定制的展柜更加大型化，壁画馆展柜的尺寸甚至达到长 8m，高 6m。壁画作为多类材料复合体，各层热膨胀系数均不相同，甚至相差很大。保存环境温湿度的不均衡容易导致其各部分热胀冷缩不均匀，从而间接造成或加重裂隙、起甲、颜料层剥落等病害的发生、发展。

现代无线通信技术、微传感器技术等信息技术的发展，使得海量的数据采集、数据处理得以轻松完成，同时能够把处理后的数据直观地通过图表等形式显示出来，提供给使用者用以辅助决策。使用者根据这些图表，能够及时判断出文物保护环境及本体病害发育的变化，发现各个参数之间的内在联系，研究文物与环境影响因素之间的关系，创造最佳的文物保存环境，实现对文物损坏的有效控制，提高文物保护科技水平。

针对陕西历史博物馆壁画馆大型展柜柜内微环境的监测现状及研究方向，本次主要是对壁画馆大型展柜柜内微环境文物保存环境进行监测，并对实时监测所采集的数据进行分析，从中找出柜内微环境场的分布规律。

2.2 研 究 目 标

此次研究选取其中三幅具有代表性的壁画展柜作为监测对象，包括具有极高历史、科学、艺术价值的"白虎图壁画"展柜，面积较大、放置位置较低的"仪卫图壁画"展柜以及整个壁画馆中部、空气流通相对较差的"宫女图壁画"展柜。针对它们展开的监测研究代表了三种不同类型的壁画展柜微环境，为后期展柜内微环境场的研究提供依据。

研究目标主要有以下两点：一方面，研究壁画馆大型展柜柜内微环境的温湿度分布情况，由于展柜较大，容易造成保存环境温湿度的不均衡，针对它们展开壁画展柜微环境场研究；另一方面，了解壁画馆大型展柜柜内环境情况，通过温度、湿度、光照等基础数据的采集与分析，及时判断文物保护环境及本体病害的变化，发现各个参数之间的内在联系，研究文物与环境影响因素之间的关系，借以实现对文物蜕变损害的有效控制，创造最佳的文物保存环境，提高文物保护科技水平。

3 监测对象调查

此次研究选取三幅具有代表性的壁画展柜作为监测对象，柜内壁画文物分别为白虎图、宫女图、仪卫图。

白虎图：白虎图壁画出自唐懿德太子墓，其位于唐高宗和武则天乾陵的东南隅，属乾陵陪葬墓之一，墓葬全长 100.8m，由墓道、六个过洞、七个天井、八个小龛、前甬道、后甬道、前墓室、后墓室八个部分组成，壁画则分别绘制在墓道、过洞、天井、前后甬道和前后墓室中，其中，白虎图壁画位于墓道西壁。高 1.96、长 6.81m。

青龙白虎是唐代贵族墓葬中常见的壁画题材。青龙与白虎均属四神，又称四灵，四象。中国古代以四种动物表明天空四方的星宿，即东方的青龙，西方的白虎，南方的朱雀，北方的玄武。懿德太子墓中的青龙图与白虎图分别位于紧挨墓道口仪仗队的东西两壁，有引导护送墓主人升天的意义。上部因接近地表耕土已遭破坏，仅存下部，青龙与白虎的身躯腾跃于祥云之间，气势非凡。青龙、白虎图的艺术手法高超，其敷色方法以平涂为主，亦使用晕染、随线彩描、涂金等。颜色使用丰富，除紫、红、绿、黄、蓝、黑等矿物颜料之外，还使用了金和银，堪称初唐至盛唐具有代表性的绘画流派在墓葬壁画中留下的杰作，在唐代绘画真品极为罕见的今天，至为珍贵。

青龙、白虎图于 20 世纪 70 年代由唐墓发掘组专家揭取，随后异地保护于陕西省博物馆（今西安碑林博物馆）文物库房。青龙、白虎图的揭取方式为：使用专门的铲刀将颜料层与草泥层整体从墓道两侧墙面上分离。使用了当时较为流行的环氧树脂＋木龙骨的方式作为壁画的支撑体来加固壁画。由于馆藏壁画一直存放在原陕西省博物馆的普通库房中，库房没有任何环境控制设施，受户外大气环境影响较大，壁画因此产生了一系列如木龙骨变形、画面霉菌滋生、积尘较多等的病害。2011 年，陕西历史博物馆唐墓壁画珍品馆建成开放，决定将青龙、白虎图迁移至展厅对外展出。本着"人为介入的最小干预性"原则，简单清理画面泥土，局部加固修复后，青龙图与白虎图被陈列于壁画珍品馆展柜。

宫女图：宫女图壁画出自唐永泰公主墓，永泰公主是唐高宗李治和武则天的孙女，中宗李显的第七女，名为仙蕙，薨于唐大足元年（701 年），享年 17 岁。并于神龙二年（706 年）与驸马都尉武延基合葬于乾县之北原，陪葬乾陵。墓葬全长 87.5m，由墓道、过洞、天井、小龛、甬道、前墓室、后墓室等部分组成，壁画则主要绘制于墓道及前后墓室中，其中，宫女图位于前墓室东壁，高 1.77、宽 1.98m。

宫女图壁画绘有九位宫女，排列错落有致，为首者梳高髻，披帛绕巾缠臂垂直于胸前，手未执物，似为这组宫女的领班，其余分别执盘、盒、烛台、团扇、高脚杯、拂尘、如意等物随后而行，似乎准备侍奉公主安寝，从构图上看，九位宫女呈曲线形构图，女性形象丰腴，视觉上给人一种婉转柔媚的韵律感，画面简洁，有适当留白，使得人物形象更加突出；从线条手法上看，永泰公主墓正处于唐朝"铁线描"风格时期，其最大特点是没有明显的转折，也没有较多的粗细变化，线条强劲有力，对人物面部刻画也十分细致；从色彩上来看，永泰公主墓出土壁画皆色彩艳丽，墓室中女性服饰的绘画运用石青、石绿等色彩点染，以大红为主色，色彩对比十分鲜明。服饰绘画多采用渲染法，人物毛发等区域采用墨染法，用不同艺术手法刻画人物形象，使人物更加生动自然，且衣服质感等显现无遗。宫女图中描绘的女性形象生动优美，传承了初唐时期的人物造型并加以发展，其体态柔美、婀娜多姿，身体呈"S"形，具有曲线美，同时赋予画面起伏的节奏感和优美的动感，直接反映了当时唐代的社会风尚。同时，此壁画在唐代人物画绘画作品中也独具特色，唐代人物画的写真能力超越前代，并向个性化写实发展，描绘人物时能够准确把握人物的不同形象和内心特征，永泰公主墓前室东壁的宫女图就是代表。图中人物丰腴秀骨，恬静端庄，或回身、或直面、或凝思遐想、或回首顾盼，神情各不相同又互相照应，体态五官尤其是眼睛的描绘，体现出态浓意远、雍容典雅的风范，为难得的仕女画佳作。

永泰公主墓壁画的保护修复经过技术方案制定、科学理论研讨、壁画揭取试验、原始壁画揭取、壁画加固（石膏、漆皮、环氧树脂、玻璃纤维、木板）、长途运输、入藏保管等工作环节，共历时 87 天，揭取的壁画全部运到原陕西省博物馆文物库房保存。后与白虎图一同再经过再次保护修复后陈列于壁画珍品馆展柜。

仪卫图：仪卫图壁画亦出自懿德太子墓，其位于墓道东西两壁，高 3.58、宽 6.73m。画面内容可分为四部分：①骑马旗队，共五队，每队六人，头戴幞头，分别穿着红、绿、黄袍。带头者举起号旗，其余五人举红色旗帜。②侍卫武士队，共六队，各由六人、八人和九人组成，头戴幞头，脚着长靴，依照等级的差异分别穿紫、红、绿、黄袍，腰间则佩戴有弓囊、箭囊，武士们均左手握剑，带头者举号旗，做行进状。③侍从文官队共十六人，头戴小冠，身穿宽袖红袍，其中四人举扇，扇上贴金，其余的拱手做行进状。④辂（lù）车队，辂车三辆，车队旁边有马夫三人，头戴幞头，身穿红袍或绿袍，牵马待发。仪仗队由 196 人组成，卫士均戴幞头，穿圆领长袍，腰配箭囊。其后在三辆豪华的车前，排列着十几名侍臣，举遮蔽风、日的伞扇。据《旧唐书·舆服志》的记载，壁画所绘的车应属太子大朝时所用的辂车。辂车前面有二伞、二圆扇、二长方扇。步行仪仗和骑马仪仗象征着太子仪仗的左右卫。所以，这幅壁画可以说是太子大朝时的情景再现。除真实反映唐代皇家丧葬礼仪外，仪卫图壁画在画面构成、人物造型、线条用笔也都代表了唐代绘画艺术的皇家水平，图中人物线描在运笔中圆转又有轻重按捺起伏，面部在微妙的转折中画出了眉眼鼻嘴的结构变化，运笔挺拔遒劲，准确有力，鬓发虚出虚入，颇得毛根出肉之妙，整体线条有粗细疏密的变化，又有一波三折的韵味美感。所有线条往往是轻重徐疾一挥而就，一气呵成。仪卫图在人物用色上，由浓变淡染出，并不露出渲染痕迹，幞头发髻、靴子、胡禄用墨色烘染，胡禄内部和抹额饰朱红，胡禄垂缨用藤黄渲染。这种颜色搭配显得大气高雅，也从另一个侧面显示出壁画作者的皇家气魄。

3.1 信 息 采 集

3.1.1 超景深显微镜观察

超景深显微镜观察选用基恩士 VHX-5000 超景深三维显微系统，仪器检测环境为室内自然环境，镜头为基恩士 VH-Z20R 镜头，镜头倍率范围为 20 倍至 200 倍，观察距离为 25.5mm，拍摄照片尺寸为标准（1600×1200）。

工作方法为：在壁画不同颜料区域、不同病害区域选取有代表性的区域，用镜头对准所选区域，调整聚焦至图像最清晰时保存图像。当观察区域表面反光强烈时，可选用"去除光晕"模式。当观察区域高低起伏明显时，可启动 3D 图像快速合成功能。

因懿德太子墓白虎图体量较大，故将其分为三部分观察，分别记作白虎图1、白虎图2和白虎图3。

1. 白虎图1显微观察

懿德太子墓白虎图1壁画显微检测位置图示及各个位置图像列表如下所示（图3-1；表3-1）。

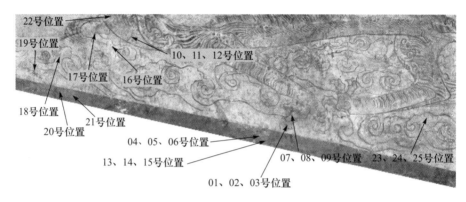

图3-1　懿德太子墓白虎图1壁画显微检测位置图示

表3-1　懿德太子墓白虎图1壁画显微检测位置图像列表

序号	显微图像	倍率	图像说明
01	倍率：×20　　1000μm	20倍	绿色颜料

续表

序号	显微图像	倍率	图像说明
02	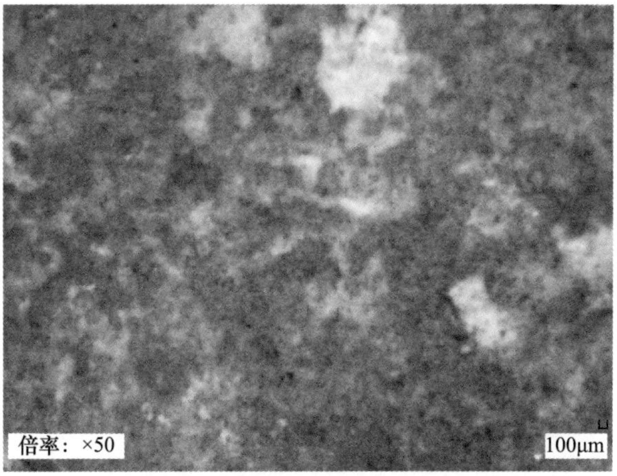 倍率：×50　　　　　100μm	50 倍	绿色颜料
03	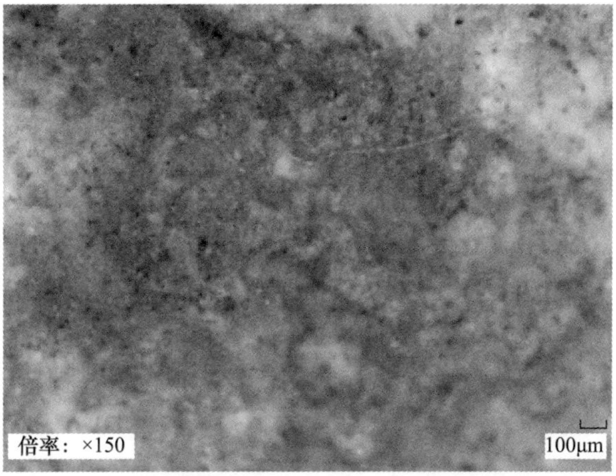 倍率：×150　　　　　100μm	150 倍	绿色颜料
04	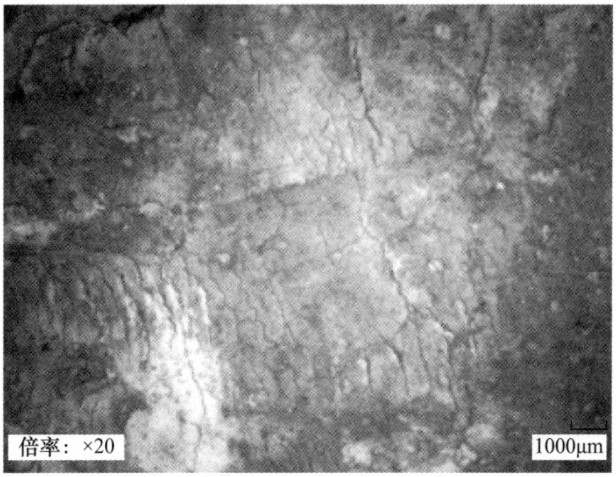 倍率：×20　　　　　1000μm	20 倍	补做的地仗上有仿色做旧，对其黄色颜料进行显微观察

续表

序号	显微图像	倍率	图像说明
05	倍率：×50　　100μm	50 倍	仿色做旧的黄色颜料
06	倍率：×150　　100μm	150 倍	仿色做旧的黄色颜料
07	倍率：×20　　1000μm	20 倍	黑色颜料

续表

序号	显微图像	倍率	图像说明
08	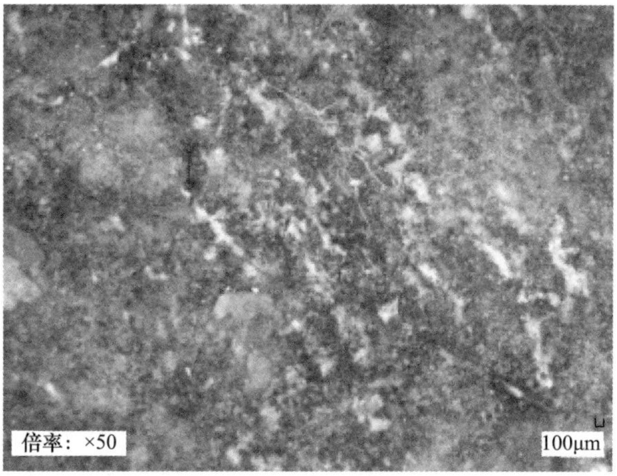 倍率：×50　　100μm	50 倍	黑色颜料
09	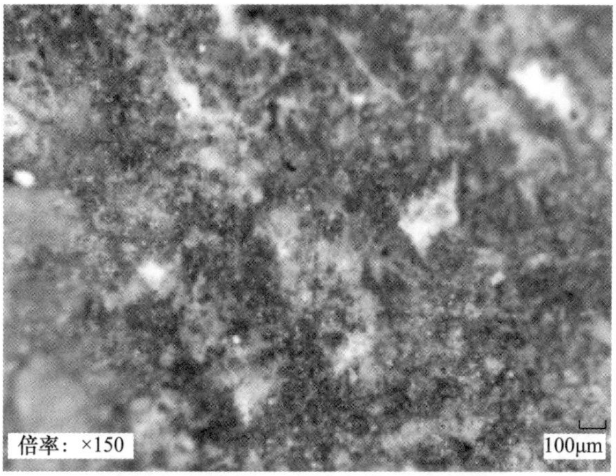 倍率：×150　　100μm	150 倍	黑色颜料
10	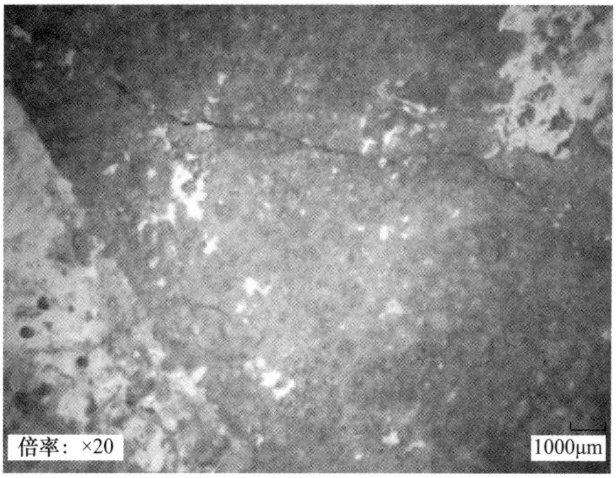 倍率：×20　　1000μm	20 倍	画面处红色颜料

序号	显微图像	倍率	图像说明
11	倍率：×50　　100μm	50 倍	画面处红色颜料
12	倍率：×150　　100μm	150 倍	画面处红色颜料
13	倍率：×20　　1000μm	20 倍	边框处红色颜料

序号	显微图像	倍率	图像说明
14	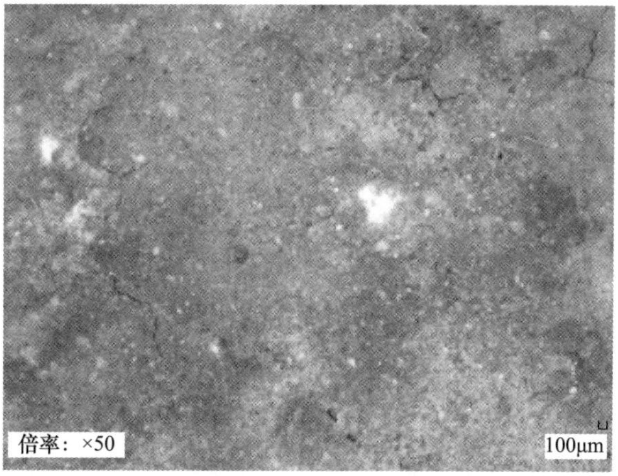 倍率：×50　　100μm	50 倍	边框处红色颜料
15	 倍率：×150　　100μm	150 倍	边框处红色颜料
16	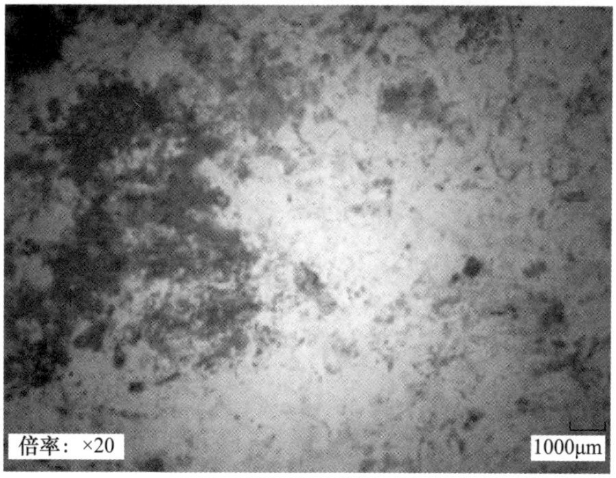 倍率：×20　　1000μm	20 倍	补做地仗

续表

序号	显微图像	倍率	图像说明
17	倍率：×20　　1000μm	20 倍	裂隙
18	倍率：×20　　1000μm	20 倍	麻绳痕迹
19	倍率：×20　　1000μm	20 倍	表面黑色污渍污染

序号	显微图像	倍率	图象说明
20	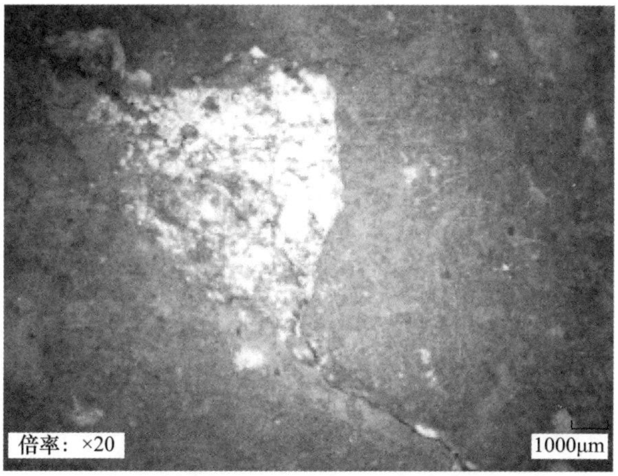 倍率：×20　　1000μm	20 倍	颜料层缺失
21	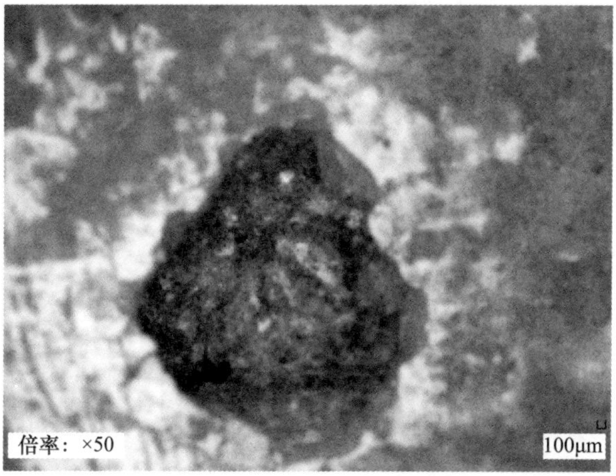 倍率：×50　　100μm	50 倍	小洞，疑似人工打孔，内部有大量积灰
22	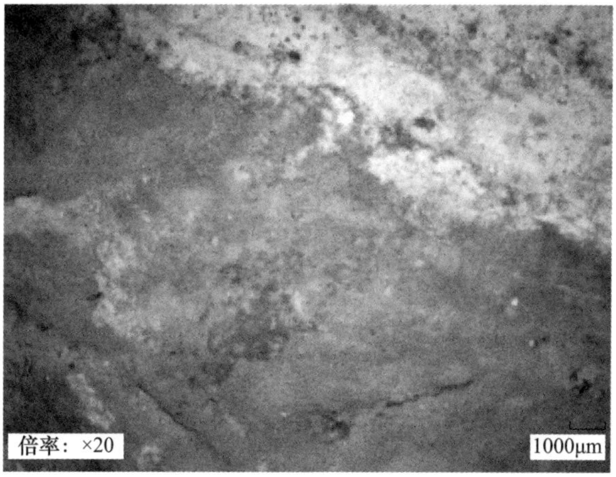 倍率：×20　　1000μm	20 倍	颜料残留

序号	显微图像	倍率	图像说明
23	倍率：×20　　1000μm	20 倍	蓝色颜料
24	倍率：×50　　100μm	50 倍	蓝色颜料
25	倍率：×150　　100μm	150 倍	蓝色颜料

2. 白虎图 2 显微观察

懿德太子墓白虎图 2 壁画显微检测位置图示及各个位置图像列表如下所示（图 3-2；表 3-2）。

图 3-2　懿德太子墓白虎图 2 壁画显微检测位置图示

表 3-2　懿德太子墓白虎图 2 壁画显微检测位置图像列表

序号	显微图像	倍率	图像说明
01	倍率：×30　　　　　100μm	30 倍	蓝色颜料

续表

序号	显微图像	倍率	图像说明
02	倍率：×150　　100μm	150 倍	蓝色颜料
03	倍率：×30　　100μm	30 倍	绿色、黑色颜料交汇处
04	倍率：×150　　100μm	150 倍	绿色、黑色颜料交汇处

序号	显微图像	倍率	图象说明
05	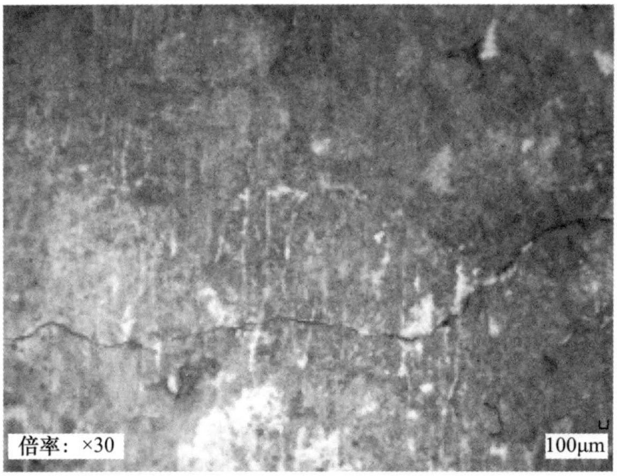 倍率：×30　　　100μm	30 倍	祥云处红色颜料
06	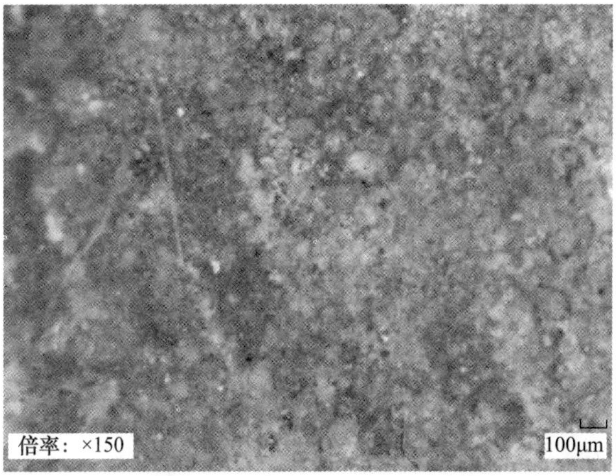 倍率：×150　　　100μm	150 倍	祥云处红色颜料
07	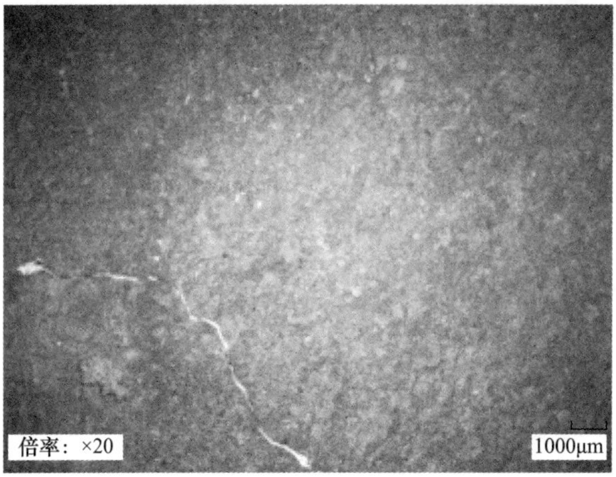 倍率：×20　　　1000μm	20 倍	画框处红色颜料

续表

序号	显微图像	倍率	图像说明
08	倍率：×150　　100μm	150 倍	画框处红色颜料
09	倍率：×30　　100μm	30 倍	黑色颜料，表面有划痕
10	倍率：×150　　100μm	150 倍	黑色颜料

序号	显微图像	倍率	图像说明
11	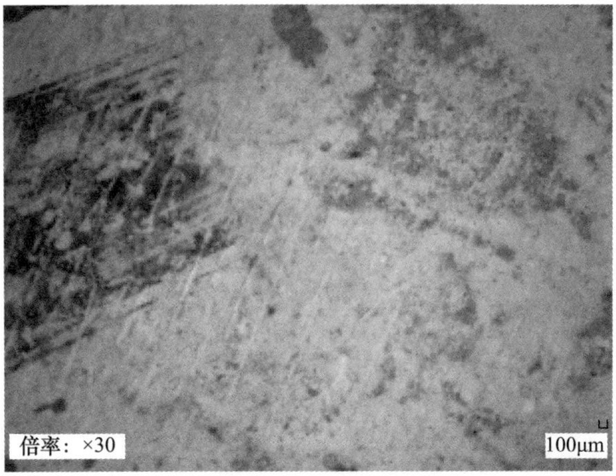 倍率：×30　　　　100μm	30 倍	画面中白虎腿部有白色，实际为颜料褪去。通过这张显微拍摄图可看出黑色颜料留存与褪去的交界处
12	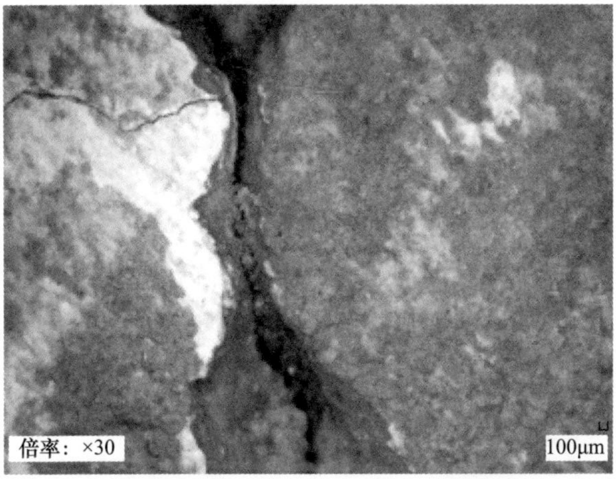 倍率：×30　　　　100μm	30 倍	裂隙
13	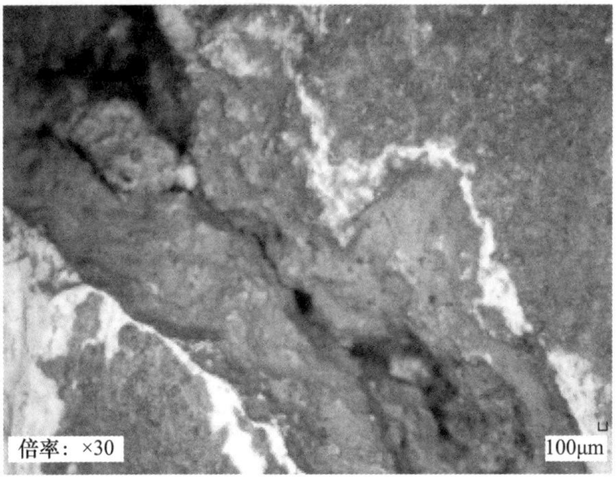 倍率：×30　　　　100μm	30 倍	表面缺失

续表

序号	显微图像	倍率	图像说明
14	倍率：×30　　100μm	30 倍	钻出的小洞
15	倍率：×30　　100μm	30 倍	画面上红色滴状颜料
16	倍率：×200　　100μm	200 倍	红色滴状颜料

续表

序号	显微图像	倍率	图像说明
17	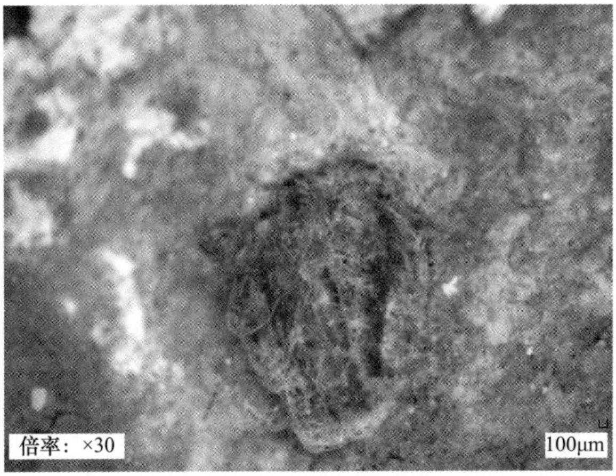 倍率：×30　　100μm	30 倍	脱脂棉丝状残留
18	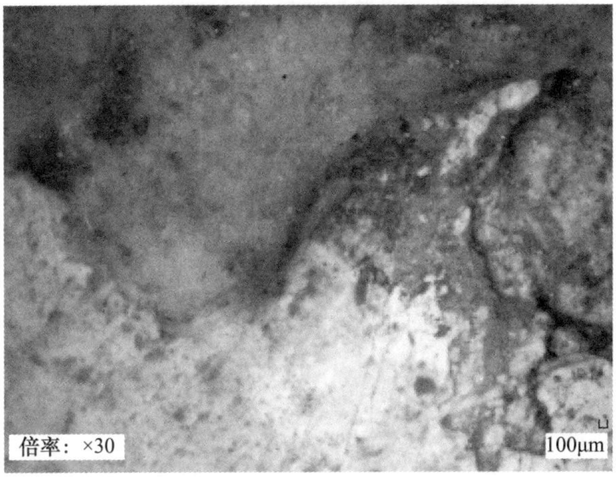 倍率：×30　　100μm	30 倍	白色未知残留
19	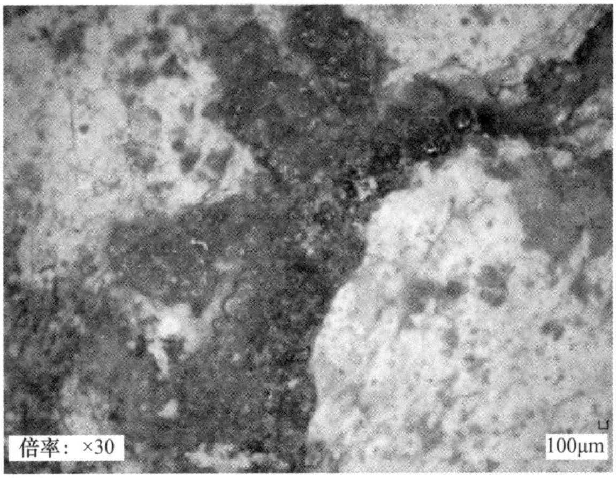 倍率：×30　　100μm	30 倍	黄色胶液残留

序号	显微图像	倍率	图像说明
20	倍率：×30　　100μm	30倍	缺失，内部有灰尘
21	倍率：×30　　100μm	30倍	叠压痕迹
22	倍率：×30　　100μm	30倍	胶液残留，疑似桃胶

序号	显微图像	倍率	图像说明
23	 倍率：×20　1000μm	20 倍	石灰地仗
24	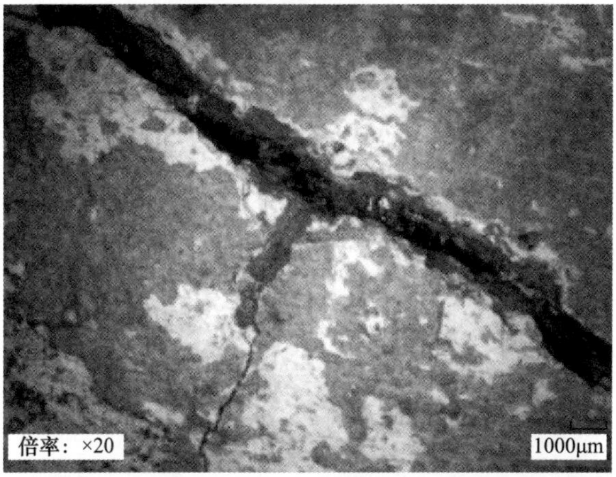 倍率：×20　1000μm	20 倍	裂隙，内部有灰尘
25	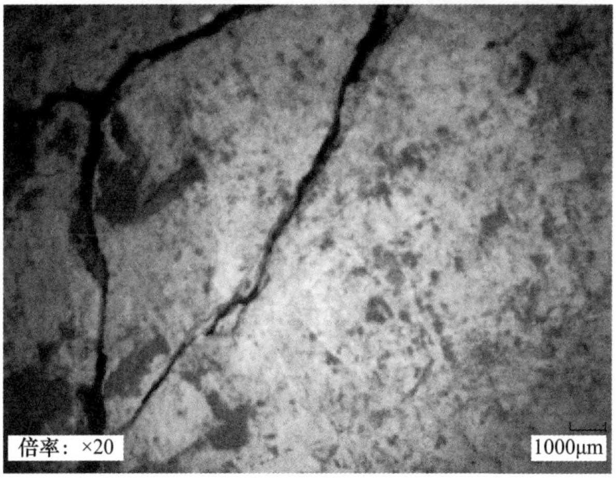 倍率：×20　1000μm	20 倍	碎裂

续表

序号	显微图像	倍率	图像说明
26	 [1]16067μm 倍率：×20　　　　1000μm	20倍	壁画厚度测量所得数据为16.067mm

3. 白虎图3显微观察

懿德太子墓白虎图3壁画显微检测位置图示及各个位置图像列表如下所示（图3-3；表3-3）。

图3-3　懿德太子墓白虎图3壁画显微检测位置图示

表 3-3 懿德太子墓白虎图 3 壁画显微检测位置图像列表

序号	显微图像	倍率	图像说明
01	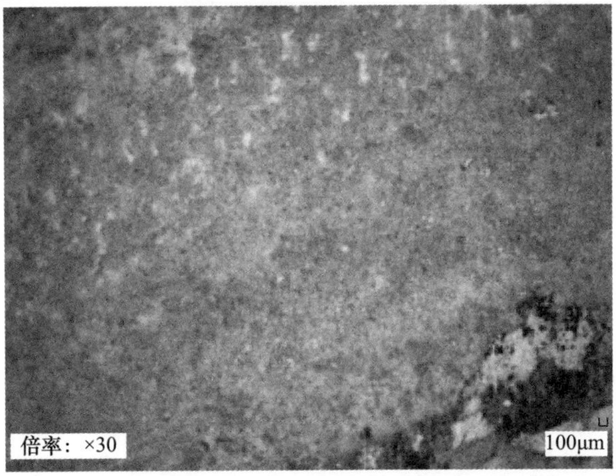 倍率：×30　　　100μm	30 倍	绿色颜料
02	 倍率：×150　　　100μm	150 倍	绿色颜料
03	 倍率：×50　　　100μm	50 倍	黑色颜料，表面可看到划痕

续表

序号	显微图像	倍率	图像说明
04	倍率：×150　　100μm	150倍	黑色颜料，表面可看到划痕
05	倍率：×30　　100μm	30倍	祥云处红色颜料，裂隙
06	倍率：×150　　100μm	150倍	祥云处红色颜料

续表

序号	显微图像	倍率	图像说明
07	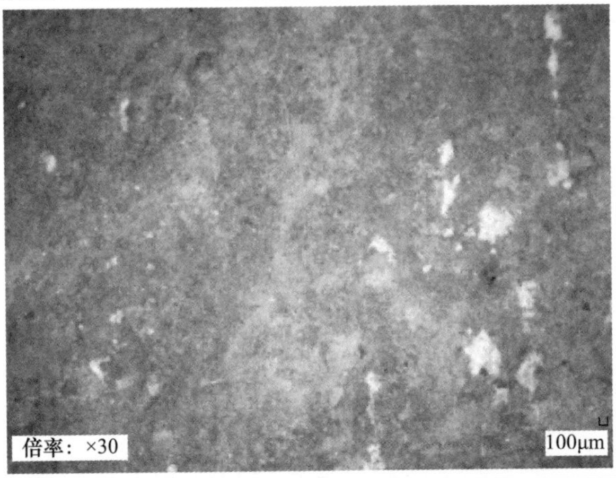 倍率：×30　100μm	30倍	底框红色颜料
08	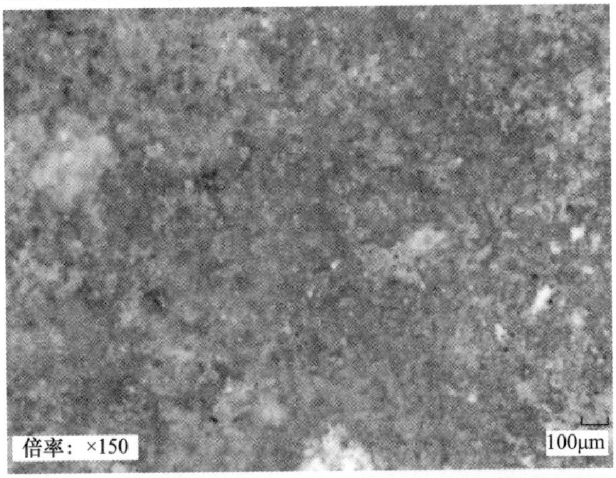 倍率：×150　100μm	150倍	底框红色颜料
09	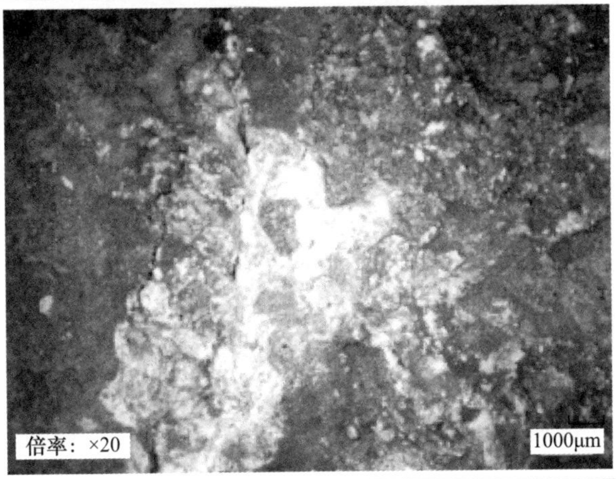 倍率：×20　1000μm	20倍	缺失

续表

序号	显微图像	倍率	图像说明
10	倍率：×30　100μm	30倍	裂隙，可见裂隙中的积灰
11	倍率：×30　100μm	30倍	裂隙
12	倍率：×30　100μm	30倍	缺失

序号	显微图像	倍率	图像说明
13	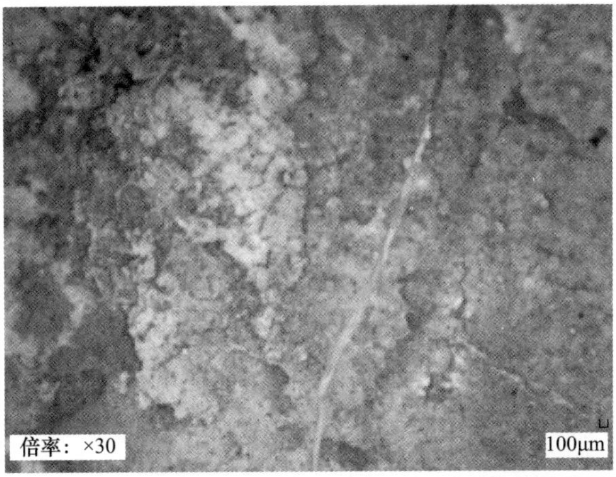 倍率：×30　100μm	30 倍	植物秸秆
14	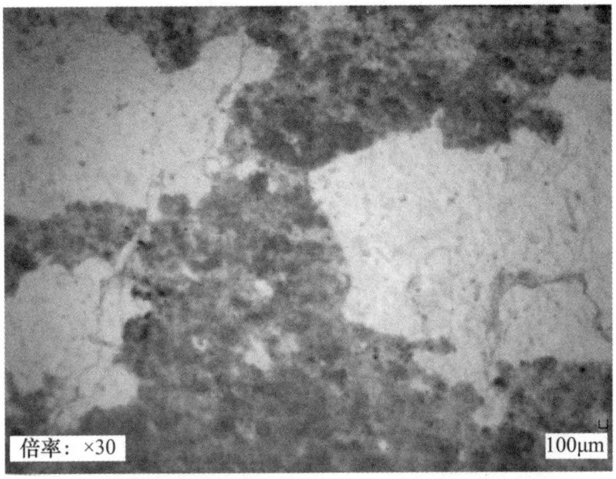 倍率：×30　100μm	30 倍	颜料层脱落
15	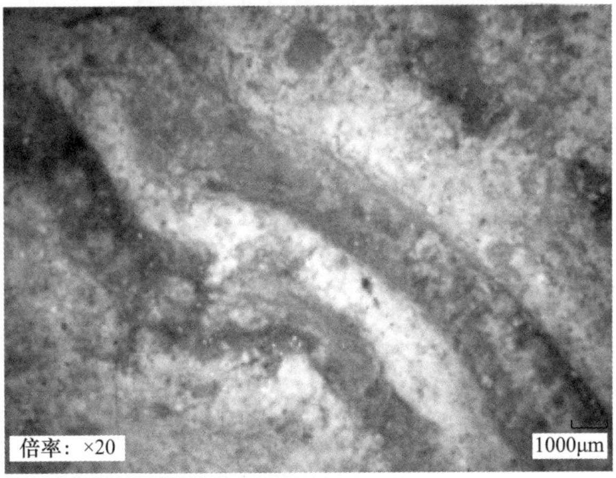 倍率：×20　1000μm	20 倍	修补地仗不平整，有挤压痕迹

续表

序号	显微图像	倍率	图像说明
16	倍率：×100　　100μm	100 倍	修补地仗中的不明蓝色物质
17	倍率：×30　　100μm	30 倍	未知残留，推测为胶液
18	倍率：×30　　100μm	30 倍	墨点，推测为修复人员所做标记

序号	显微图像	倍率	图像说明
19	 倍率：×30　　　　　　100μm	30 倍	石蜡残留
20	 倍率：×30　　　　　　100μm	30 倍	裂隙、错位
21	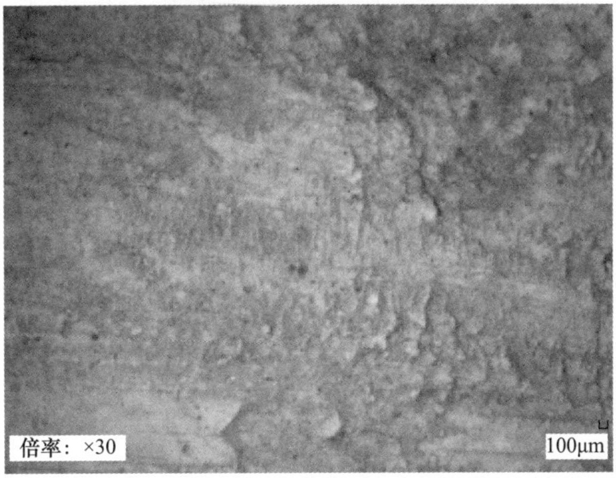 倍率：×30　　　　　　100μm	30 倍	修补地仗

续表

序号	显微图像	倍率	图像说明
22	倍率：×30　　100μm	30倍	极深的小洞
23	倍率：×30　　100μm	30倍	修补地仗上有大量空隙
24	倍率：×30　　100μm	30倍	人工打洞，推测为钉孔

序号	显微图像	倍率	图像说明
25	倍率：×30　　　　100μm	30 倍	纱布痕迹

3.1.2　多光谱图像观察

多光谱图像观察选用多光谱照相仪，设备为意大利 Bresciani s.r.l 生产的 NIRDIGI WS500 全波段 CCD。拍摄光谱覆盖了从紫外线、可见光到近红外（254～1500nm）连续全光谱的成像功能，拥有多个波段痕迹信息的发现和提取能力。

工作方法为：在每幅壁画上选取几个代表性区域，区域半径约 20cm。每个区域分别拍摄 9 张不同波段的信息图像照片，所选波段为 254nm、290nm、330nm、365nm、440nm、660nm、820nm、860nm、980nm。需要注意的是，拍摄 254nm、290nm、330nm 三个波段的照片时需要用紫外灯进行补光。

此次全波段 CCD 信息采集工作共拍摄懿德太子墓白虎图壁画照片 106 张，本报告仅将代表性照片列表说明。因懿德太子墓白虎图体量较大，故把白虎图分为三部分观察，分别记作白虎图 1、白虎图 2 和白虎图 3。

1. 白虎图 1 多光谱图像观察

懿德太子墓白虎图 1 壁画的多光谱图像观察位置图示及各个位置图像列表如下所示（图 3-4；表 3-4、表 3-5）。

图 3-4　懿德太子墓白虎图 1 壁画的多光谱图像观察位置图示

表 3-4　懿德太子墓白虎图 1 壁画 1 号位置（后腿条纹）的多光谱图像列表

波段	拍摄图像	图像说明
290nm		此波段下对颜料的区分不明显，但可以看到均匀的颜料覆盖
440nm		此波段对壁画颜料区分较为明显
820nm		此波段对壁画黑色线条观察比较明显

波段	拍摄图像	图像说明
980nm	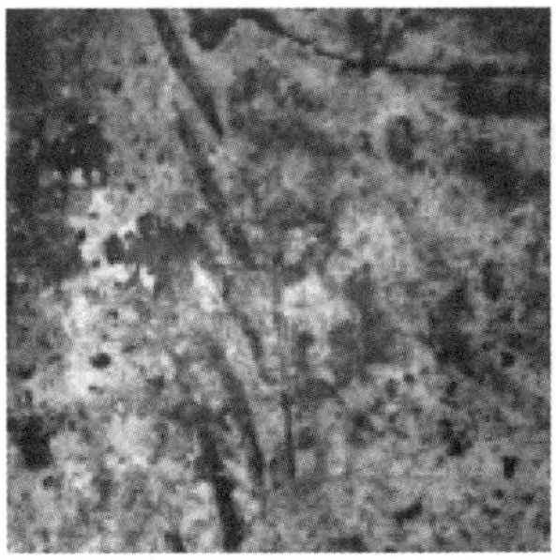	效果与820nm波段相似

表 3-5 懿德太子墓白虎图 1 壁画 2 号位置（右侧祥云）的多光谱图像列表

波段	拍摄图像	图像说明
290nm		此波段下对颜料的区分不明显，但可以看到均匀的颜料覆盖
440nm	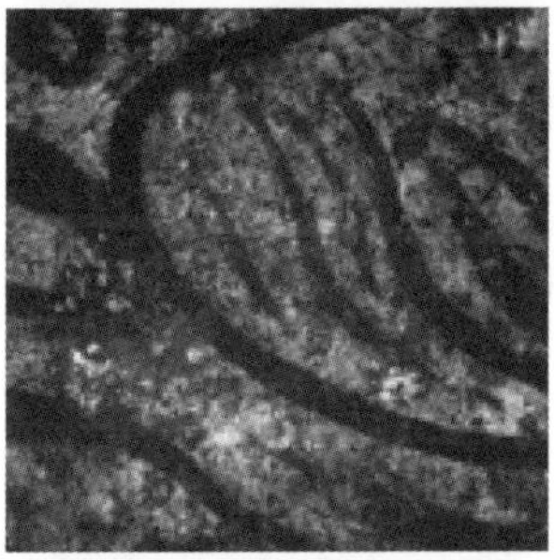	此波段对壁画颜料区分较为明显
820nm	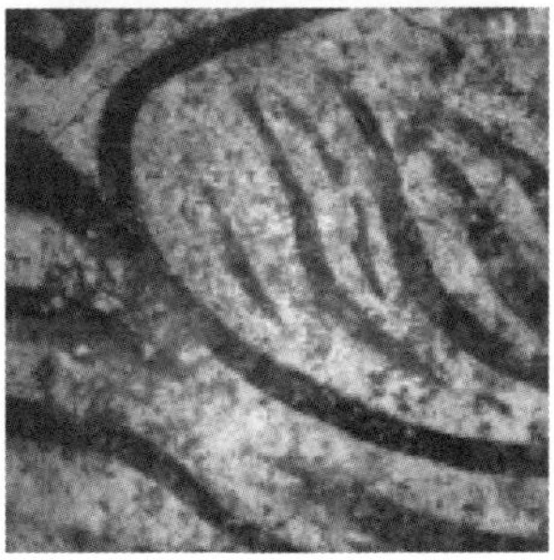	此波段对壁画黑色线条观察比较明显

续表

波段	拍摄图像	图像说明
980nm		效果与820nm波段相似

2. 白虎图2多光谱图像观察

懿德太子墓白虎图2壁画的多光谱图像观察位置图示及各个位置图像列表如下所示（图3-5；表3-6～表3-8）。

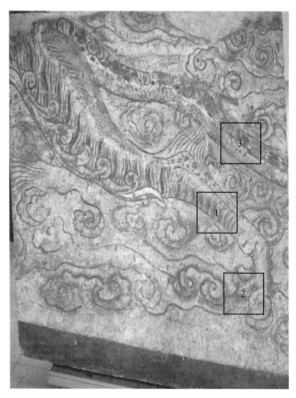

图3-5　懿德太子墓白虎图2壁画的多光谱图像观察位置图示

表 3-6 懿德太子墓白虎图 2 壁画 1 号位置（后腿条纹）的多光谱图像列表

波段	拍摄图像	图像说明
365nm		次波段虎斑略差，但对周边晕染色观察比较明显
440nm	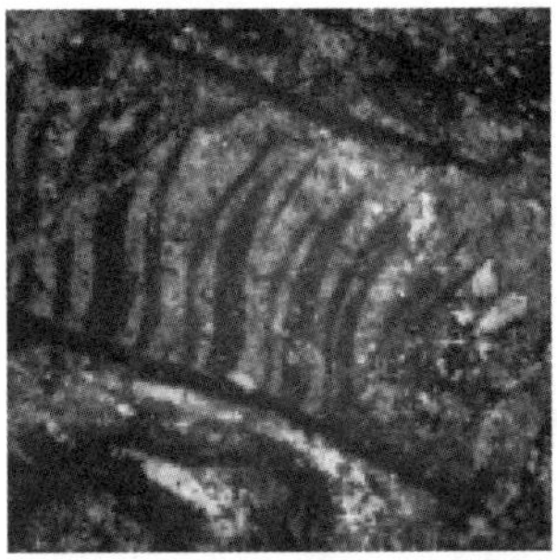	此波段对壁画表面整体平整度观察较好
820nm	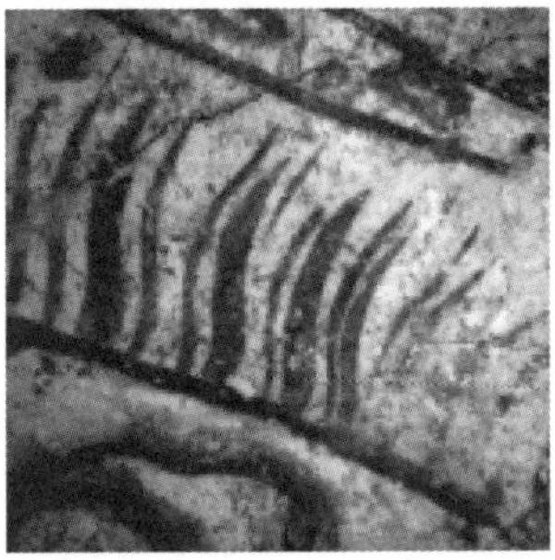	此波段对壁画黑色线条观察比较明显
980nm	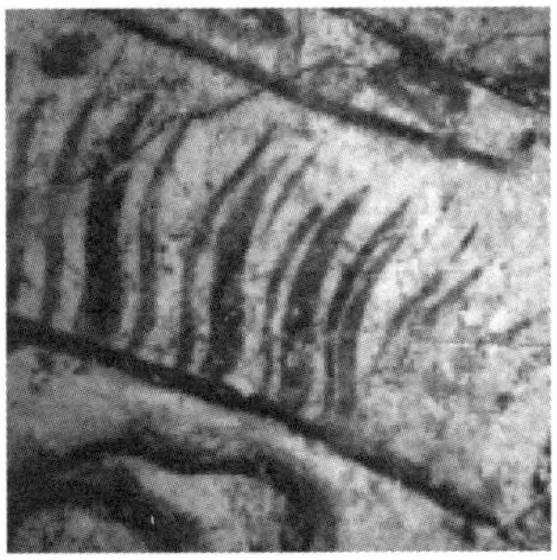	此波段对壁画黑色线条薄厚观察比较明显

表 3-7　懿德太子墓白虎图 2 壁画 2 号位置（后爪中指）的多光谱图像列表

波段	拍摄图像	图像说明
330nm		此波段下可以看到虎爪轮廓
660nm	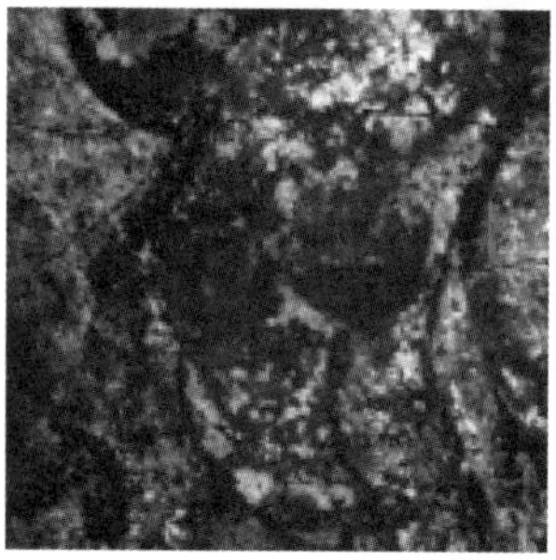	此波段下观察虎爪及晕染色更加明显
980nm	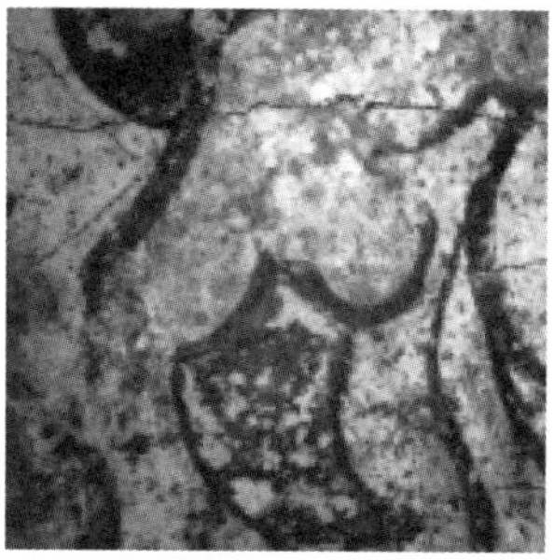	此波段下观察虎爪轮廓最为明显

表 3-8　懿德太子墓白虎图 2 壁画 3 号位置（尾部黑色）的多光谱图像列表

波段	拍摄图像	图像说明
365nm	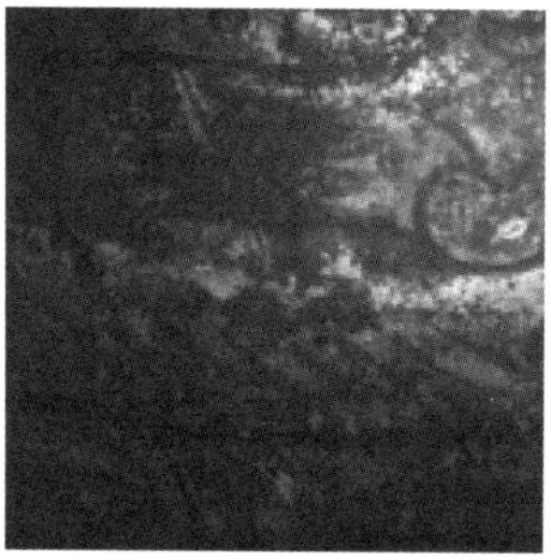	此波段下可以看出虎尾轮廓

波段	拍摄图像	图像说明
660nm		此波段下可以看出晕染色
860nm		此波段下观察黑色线条过渡最为明显

3. 白虎图 3 多光谱图像观察

懿德太子墓白虎图 3 壁画的多光谱图像观察位置图示及各个位置图像列表如下所示（图 3-6；表 3-9～表 3-11）。

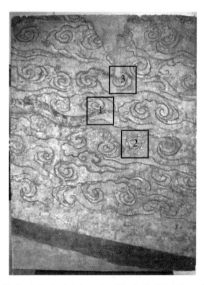

图 3-6 懿德太子墓白虎图 3 壁画的多光谱图像观察位置图示

表 3-9 懿德太子墓白虎图 3 壁画 1 号位置（尾部）的多光谱图像列表

波段	拍摄照片	图像说明
440nm		此波段下可以看出画面轮廓
660nm		此波段下对黑色线条观察比较明显
820nm		此波段下对黑色线条层次观察比较明显
980nm		此波段综合观察效果最佳

表 3-10　懿德太子墓白虎图 3 壁画 2 号位置（尾尖下方云朵）的多光谱图像列表

波段	拍摄照片	图像说明
330nm	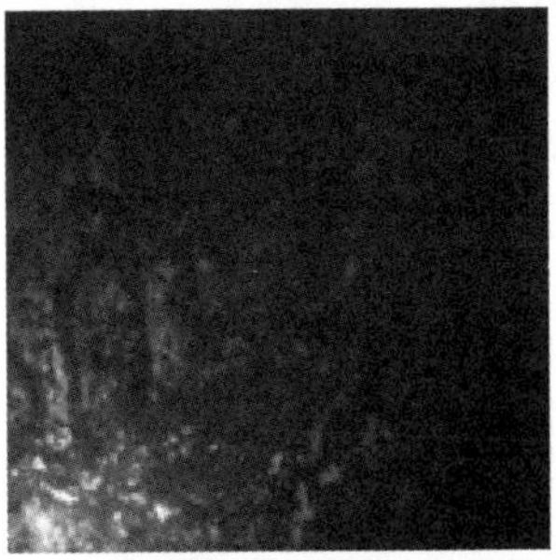	此波段下观察效果一般
440nm	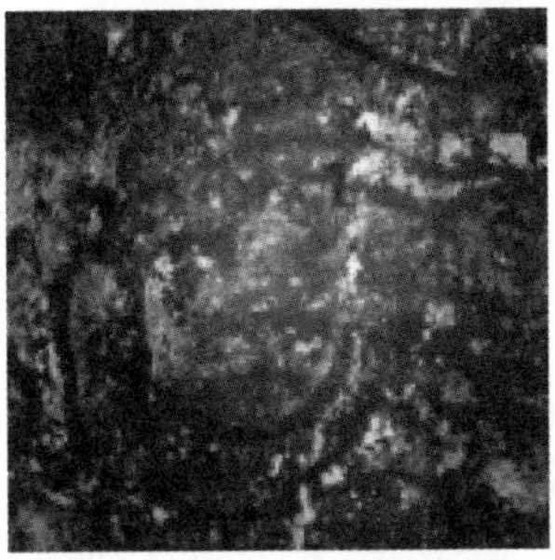	此波段下可以观察出晕染颜色
980nm	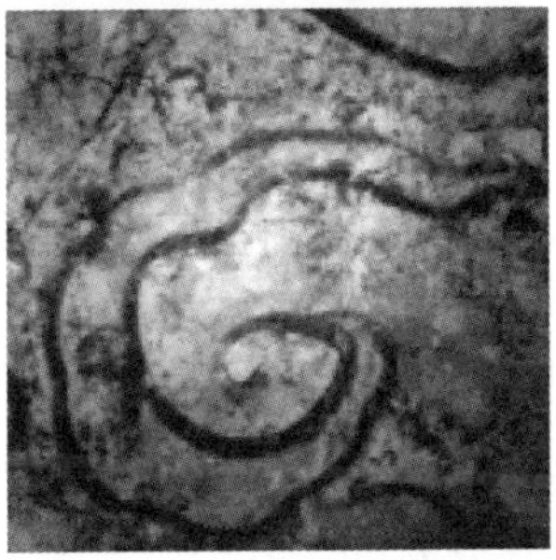	此波段下对黑色线条观察最为明显

表 3-11　懿德太子墓白虎图 3 壁画 3 号位置（尾尖正上方云朵）的多光谱图像列表

波段	图像	图像说明
440nm	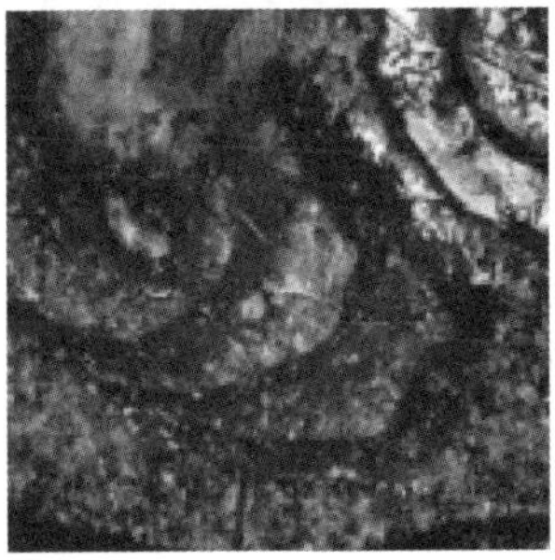	此波段下观察晕染色比较明显

波段	图像	图像说明
660nm		此波段下观察黑色线条比较明显
980nm		效果与660nm波段相似

3.1.3　激光拉曼分析

激光拉曼分析选用必达泰克（BWTEK）i-Raman Plus便携激光拉曼系统，主要包括拉曼主机、光纤探头、分析电脑、拉曼数据库等。选用的激发波长785nm，功率＜300mW，光谱范围200cm^{-1}～2600cm^{-1}，积分时间6ms～30mins。

工作方法为：将光纤探头对准选定颜料区域，进行光谱采集。采谱步骤为将激光功率调到适合的大小，选择适合的积分时间，采集暗电流，在与采集暗电流相同的积分时间下采集光谱，还可以使用系统配备的矿物颜料数据库进行自动采谱识别。

因懿德太子墓白虎图体量较大，故把白虎图分为三部分观察，分别记作白虎图1、白虎图2和白虎图3。

1. 白虎图1激光拉曼分析

懿德太子墓白虎图1壁画的激光拉曼分析位置图示及分析结果列表如下所示（图3-7；表3-12、表3-13）。

图 3-7　懿德太子墓白虎图 1 壁画激光拉曼分析观察位置图示

表 3-12　懿德太子墓白虎图 1 壁画激光拉曼分析位置列表

位置	位置描述	颜色	检测结果	化学成分	备注
1	壁画右侧白虎爪部	红色	朱砂（Cinnabar）	HgS	
2	壁画右下部边框	红色	无匹配	——	颜料库中无数据，还需进一步确认
3	壁画右下部边框	红色	无匹配	——	影作木构红色颜料与云朵红色颜料不同
4	壁画右侧白虎腿部	黑色	无匹配	——	颜料库中无数据，还需进一步确认
5	壁画右侧白虎腿部	白色	白石灰	$CaCO_3$	
6	壁画右侧白虎爪部	绿色	孔雀石（Malachite）	$Cu_2CO_3(OH)_2$	
7	壁画右侧云朵	绿色	无匹配	——	可能由于颜料层太薄，未能检测出成分

表 3-13　懿德太子墓白虎图 1 壁画激光拉曼分析图谱列表

位置	激光强度（%）	扫描时间（us）	图谱
1	30	562000	获取数据（拉曼位移 cm⁻¹ 图谱）

续表

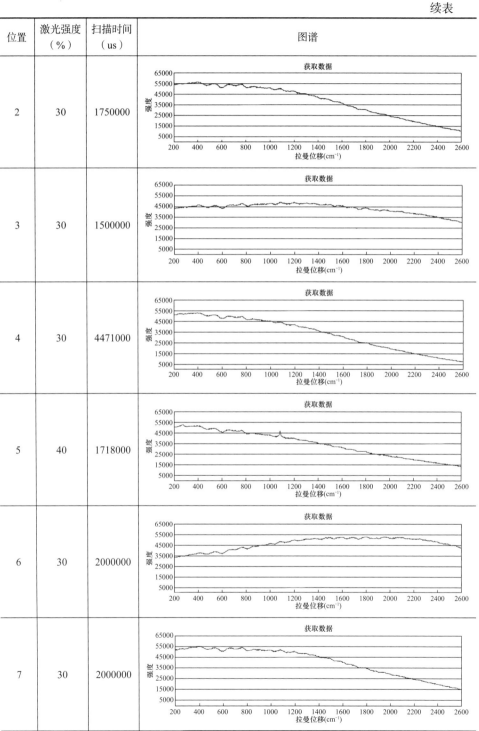

位置	激光强度（%）	扫描时间（us）	图谱
2	30	1750000	
3	30	1500000	
4	30	4471000	
5	40	1718000	
6	30	2000000	
7	30	2000000	

2. 白虎图 2 激光拉曼分析

懿德太子墓白虎图 2 壁画的激光拉曼分析位置图示及分析结果列表如下所示（图 3-8；表 3-14、表 3-15）。

图 3-8　懿德太子墓白虎图 2 壁画激光拉曼分析观察位置图示

表 3-14　懿德太子墓白虎图 2 壁画激光拉曼分析位置列表

序号	位置	描述	检测结果	化学成分	备注
1	壁画左侧云朵	绿色（蓝色）	孔雀石（Malachite）	$Cu_2CO_3(OH)_2$	
2	壁画中部云朵	绿色	孔雀石（Malachite）	$Cu_2CO_3(OH)_2$	
3	壁画右下方云朵	红色	朱砂（Cinnabar）	HgS	
4	壁画左下角影作木构	红色	无匹配	——	影作木构红色颜料与云朵红色颜料不同，推测是铁红
5	壁画白虎腿部	黑色	无匹配	——	颜料库中无数据，还需进一步确认
6	壁画中部白虎尾部	白色	白石灰	$CaCO_3$	

表 3-15　懿德太子墓白虎图 2 壁画激光拉曼分析图谱列表

序号	激光强度（%）	扫描时间（us）	图谱
1	10	64660000	获取数据
2	10	32475000	获取数据
3	10	1125000	获取数据
4	10	12780000	获取数据
5	15	1562000	获取数据
6	15	7161000	获取数据

3. 白虎图 3 激光拉曼分析

懿德太子墓白虎图 3 壁画的激光拉曼分析位置图示及分析结果列表如下所示（图 3-9；表 3-16、表 3-17）。

图 3-9 懿德太子墓白虎图 3 壁画激光拉曼分析观察位置图示

表 3-16 懿德太子墓白虎图 3 壁画激光拉曼分析位置列表

位置	位置描述	颜色	检测结果	化学成分	备注
1	壁画左上部云朵	绿色	孔雀石（Malachite）	$Cu_2CO_3(OH)_2$	
2	壁画中部云朵	黑色	无匹配	——	颜料库中无数据，还需进一步确认
3	壁画左上部云朵	白色	白石灰	$CaCO_3$	
4	壁画中部云朵	红色	朱砂（Cinnabar）	HgS	
5	壁画中部云朵	红色	朱砂（Cinnabar）	HgS	
6	壁画左侧云朵	绿色	孔雀石（Malachite）	$Cu_2CO_3(OH)_2$	
7	白虎尾部	黑色	无匹配		
8	壁画下方影作木构	红色	无匹配		影作木构红色颜料与云朵红色颜料不同，推测是铁红

注：9 暂未分析出结果，故未列于表中，下同

表 3-17　懿德太子墓白虎图 3 壁画激光拉曼分析图谱列表

序号	激光强度（%）	扫描时间（us）	图谱
1	10	1625000	
2	10	11113000	
3	10	7880000	
4	10	1500000	
5	20	1125000	
6	10	13939000	

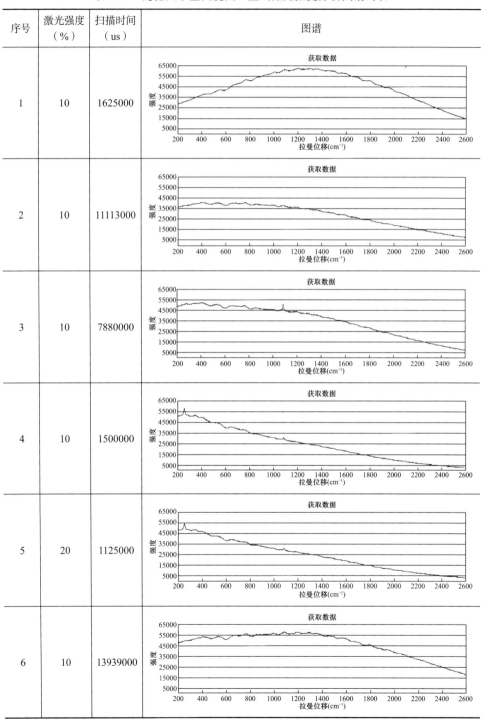

序号	激光强度（%）	扫描时间（us）	图谱
7	5	6568000	获取数据
8	5	9597000	获取数据

3.1.4　X 射线荧光光谱分析（XRF）

检测所用仪器是 OLYMPUS（美国）DELTA 系列 DPO-6000 型手持式 XRF 分析仪，操作人员为李超。检测所用激光为 X 射线荧光，电压 40V，电流 200μA。检测模式为地球化学模式，两种光束，检测时间为 60s。

工作方法为：在壁画表面选取不同区域不同颜色的几个点，记录其位置。用手持式 XRF 对其颜料及地仗成分进行荧光分析，并记录数据。仪器检测环境为室内自然光线。

因懿德太子墓白虎图体量较大，故把白虎图分为三部分观察，分别记作白虎图 1、白虎图 2 和白虎图 3。

1. 白虎图 1 X 射线荧光光谱分析

白虎图 1 的 XRF 光谱分析位置图示及各位置数据标号列表如下所示（图 3-10；表 3-18、表 3-19）。

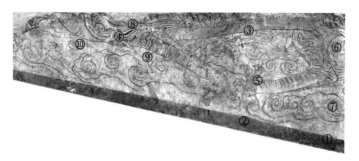

图 3-10　懿德太子墓白虎图 1 壁画 XRF 光谱分析位置图示

表 3-18　懿德太子墓白虎图 1 壁画 XRF 光谱分析位置列表

编号	颜色	数据编号	取样部位
1	红色	09/14/17#2	壁画右侧下部红色边框
2	红色	09/14/17#3	壁画右侧下部红色边框
3	红色	09/14/17#4	壁画右侧上部白虎腹部红色
4	红色	09/14/17#5	壁画左侧上部白虎胸部红色
5	绿色	09/14/17#6	壁画右侧中部白虎爪子处绿色
6	绿色	09/14/17#7	壁画右边缘上部白虎后腿处绿色
7	蓝色	09/14/17#8	壁画右边缘下部祥云处蓝色
8	黑色	09/14/17#9	壁画左上部白虎前腿处黑色条纹
9	黑色	09/14/17#10	壁画左上部白虎前腿下方祥云处线条
10	白色	09/14/17#12	壁画左中部白虎身下方祥云空白处

表 3-19　懿德太子墓白虎图 1 壁画 XRF 光谱分析图谱列表

编号	图谱
1	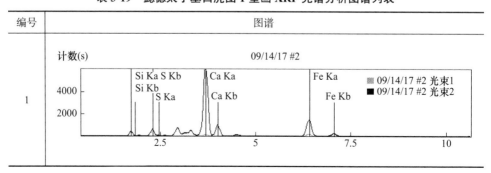

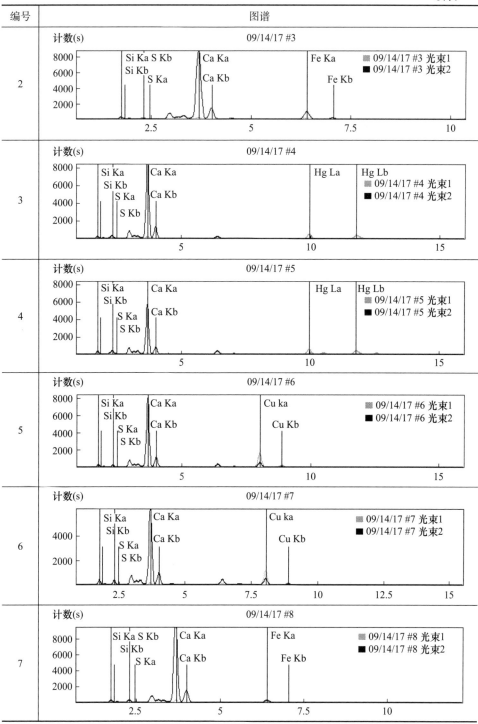

续表

编号	图谱
8	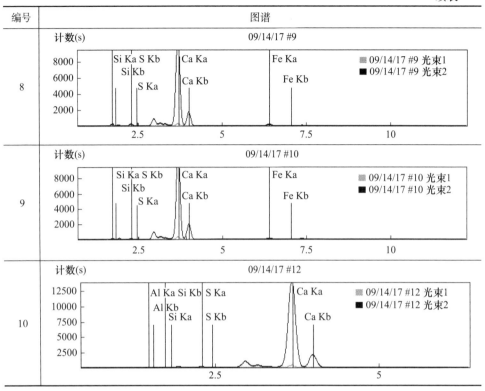
9	
10	

2. 白虎图 2X 射线荧光光谱分析

白虎图 2 的 XRF 光谱分析位置图示及各位置数据标号列表如下所示（图 3-11；表 3-20、表 3-21）。

图 3-11　懿德太子墓白虎图 2 壁画 XRF 光谱分析位置图示

表 3-20 懿德太子墓白虎图 2 壁画 XRF 光谱分析位置列表

编号	颜色	数据编号	取样部位
1	红色	08/08/17#3	白虎腿部左端下方
2	红色	08/08/17#4	白虎爪子中心
3	红色	08/08/17#20	白虎爪子边缘
4	绿色	08/08/17#6	白虎爪尖部位
5	绿色	08/08/17#7	白虎腿部中心
6	黑色	08/08/17#8	白虎尾部边缘
7	黑色	08/08/17#9	白虎腿部边缘
8	黄色	08/08/17#10	白虎尾部与腿中间祥云
9	黄色	08/08/17#11	白虎腿下部祥云
10	未知黄色	08/08/17#12	右上角祥云
11	未知黄色	08/08/17#13	中部祥云
12	地仗色	08/08/17#14	壁画左上方祥云空白处
13	蓝色	08/08/17#15	壁画右边缘中部祥云

表 3-21 懿德太子墓白虎图 2 壁画 XRF 光谱分析图谱列表

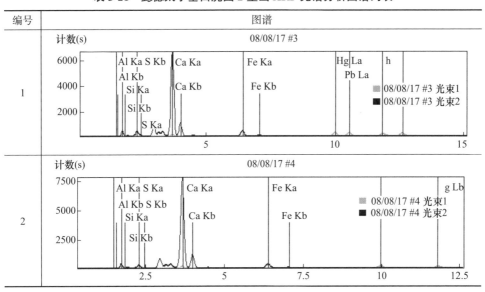

编号	图谱

59

续表

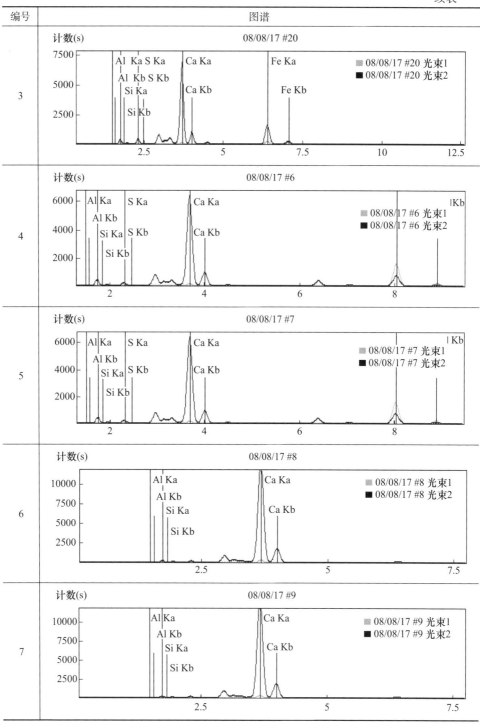

编号	图谱

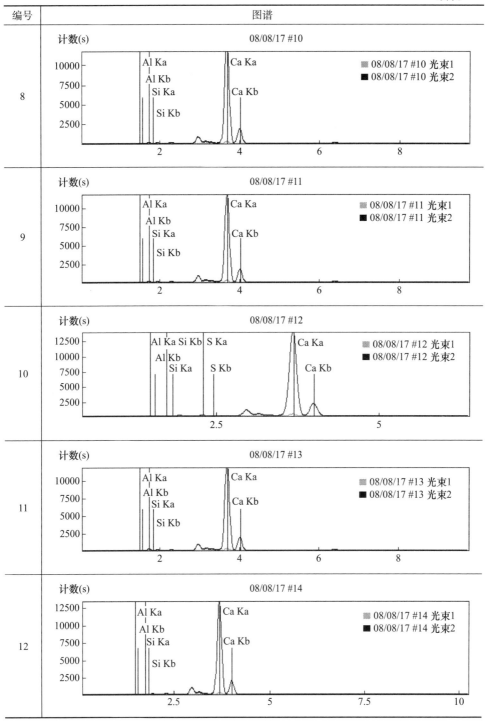

续表

编号	图谱
13	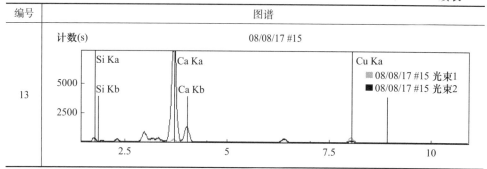

计数(s)　　　　　　　　　　　　　08/08/17 #15

3. 白虎图 3 X 射线荧光光谱分析

白虎图 3 的 XRF 光谱分析位置图示及各位置数据标号列表如下所示（图 3-12；表 3-22、表 3-23）。

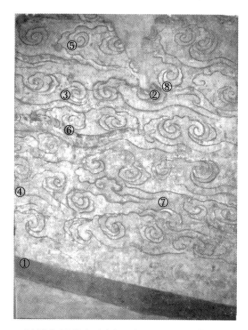

图 3-12　懿德太子墓白虎图 3 壁画 XRF 光谱分析位置图示

表 3-22　懿德太子墓白虎图 3 壁画 XRF 光谱分析位置列表

编号	颜色	数据编号	取样部位
1	红色	08/08/17#17	壁画底部边框

编号	颜色	数据编号	取样部位
2	红色	08/08/17#19	白虎尾部末端红色祥云
3	绿色	08/08/17#21	白虎左边尾部上方祥云
4	绿色	08/08/17#22	壁画最左边祥云
5	黑色	08/08/17#23	壁画左上方祥云轮廓
6	黑色	08/08/17#24	白虎尾部黑色纹饰
7	黄色	08/08/17#25	画面右下祥云
8	白色	08/08/17#26	画面右上方祥云空白处

表 3-23　懿德太子墓白虎图 3 壁画 XRF 光谱分析图谱列表

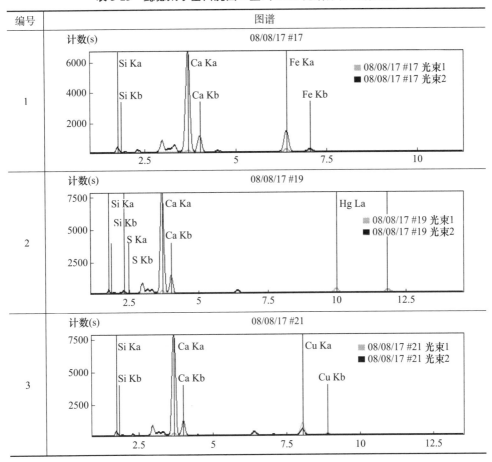

续表

编号	图谱
4	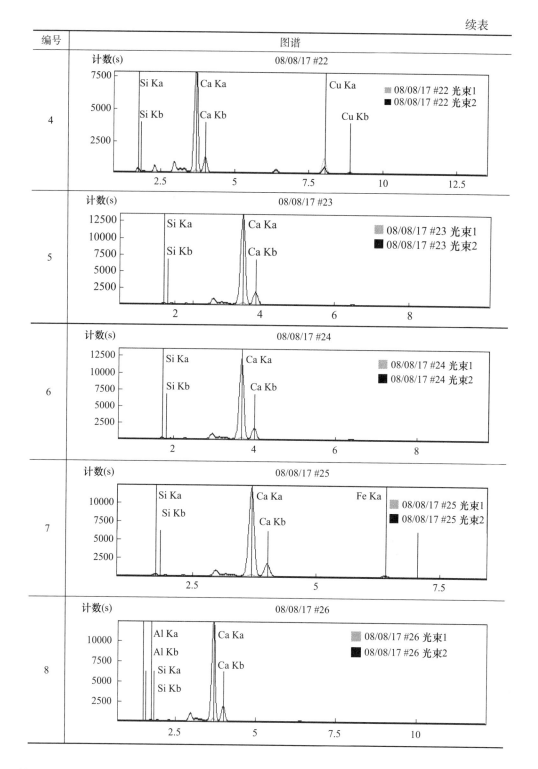
5	
6	
7	
8	

3.1.5　小结

白虎图壁画表面有多种颜料，颜料种类主要有红色、绿色、黑色和白色，祥云处有几处黄色和蓝色，其中红色主要分为两个部分，一种是画面内容（白虎纹饰及祥云晕染色），另一种是画面下方所绘的斜边。通过采用超景深显微镜、多光谱相机、激光拉曼分析仪、X 射线荧光分析仪对白虎图进行信息采集，对壁画颜料有了进一步认识，并发现了许多壁画本体信息。

超景深显微镜观察表明：白虎图画面中存在较多的裂隙、碎裂、颜料层脱落和难以清除的钙化土。画面中发现有人工打洞痕迹，疑似为灌浆所打。该壁画早先进行过修复，可通过超景深显微镜看到当时做旧的颜色及修复遗留物。另外，用超景深显微镜对壁画中出现的红色颜料、绿色颜料、黑色颜料和黄色颜料进行观察、拍照记录，这些记录可作为激光拉曼分析仪、X 射线荧光分析仪分析颜料的辅助参考。

多光谱图像观察可以发现诸多问题：① 后腿条纹在肉眼或可见光波段下对条纹及晕染色观察一般明显，但在红外 980nm 拍摄下对其他颜料覆盖下的黑色线条观察尤为明显，紫外 365nm 波段下可看出画面大面积均绘有颜色；② 红外 980nm 拍摄可明显观察出后腿条纹处黑色线条实际为两次绘画，前人修复过的着色部位颜色与画面本体颜色质感十分接近，肉眼虽无法辨别出黑色线条用色浓重浅淡，但在 980nm 波段下可以明显区分；③ 红边部位有不连续黑色线条，疑似为红色边框线稿；④ 云朵绘画方式疑似为由内向外绘画而成，且中间并非一笔完成。

激光拉曼分析表明：红色颜料成分有两种，一种为画面中的红色，经检测为朱砂（Cinnabar），化学成分为 HgS；另一种红色主要为画面边缘影作木构填色，未能检测出成分。白色为白石灰，化学成分 $CaCO_3$。黑色主要为墨线勾勒，但激光拉曼未能检测出其成分。绿色、蓝色颜料画面仅存很小部分，经检测，绿色颜料为孔雀石（Malachite），化学成分 $Cu_2CO_3(OH)_2$，蓝色可能由于画面颜料层覆盖很薄，激光拉曼极易穿透颜料层，故未能采到其图谱。

X 射线荧光光谱分析表明：画面内容和画面下方斜边处两部分红色所测得的显色元素不同，画面内容中红色 Hg 元素含量较高；壁画下方红色斜边中 Fe 元素含量较高，但未测出 Hg 元素；绿色中 Cu 含量较高；蓝色中 Cu 含量较高；黑色所测元素种类多、含量较低，推断为炭黑；白色主要为地仗颜色。其中壁画表面有几处未知色，所测元素中 Ca、Si 元素含量较高，据推测应为地仗色；壁画所有颜色检测结果中都含有大量的 Ca、Si、Al 等元素，推测为壁画表面颜料层较薄，X荧光穿透颜料层所致。查阅相关资料，并结合激光拉曼的分析结果可得出结论：壁画表面颜料中红色（画面内容）为朱砂；壁画下方斜边红色为铁红；绿色与未知色应为孔雀石；蓝色应该是一种与孔雀石一起存在的蓝铜矿；白色应为方解石。

3.2　病　害　调　查

使用佳能5DS相机对宫女图（9人）进行了高清细节拍照（图3-13），并对该壁画不同部位的病害进行了细节记录与整理（表3-24），总体归类如下。

图3-13　永泰公主墓宫女图壁画病害图

表 3-24　永泰公主墓宫女图壁画病害调查表

病害名称	病害照片	病害位置	备注
裂隙		4号背站侍女裙子底部	裂隙几乎贯穿整幅壁画，长度约170cm，位于壁画中心偏右处，宽度为1～2mm
		4号与5号人物中间	裂隙自上而下贯穿整幅壁画，此裂隙与上述裂隙属同一条，长度为25～35cm，宽度为1～2mm
	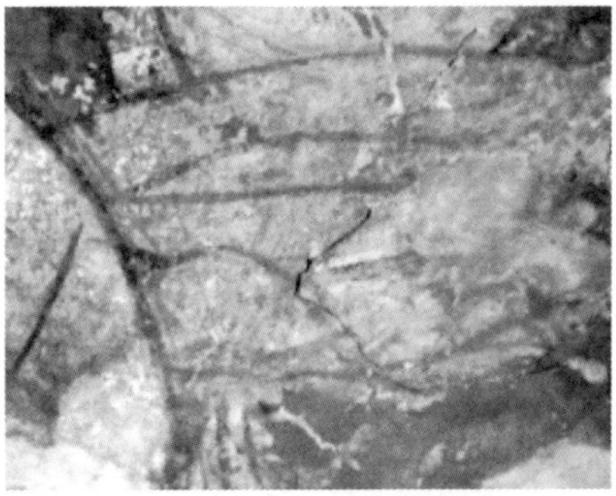	2号侍女胸口	裂隙分2段，上部裂隙长度短、裂隙小，下部裂隙较宽，宽度为2～3mm，长度约10cm
		8号侍女发髻处与脸部	裂隙较长，从发髻顶端延伸到脸部左侧耳朵处，长度20～25cm，发髻处裂隙较宽，脸部裂隙较细

续表

病害名称	病害照片	病害位置	备注
裂隙		5 号侍女发髻与脸部	裂隙较长，从发髻处延伸到脸部左侧，长度为 15～20cm，脸部裂隙较细
		4 号侍女脚部	
起甲		8 号侍女脚部	
		6 号侍女手中捧杯处	

病害名称	病害照片	病害位置	备注
空鼓	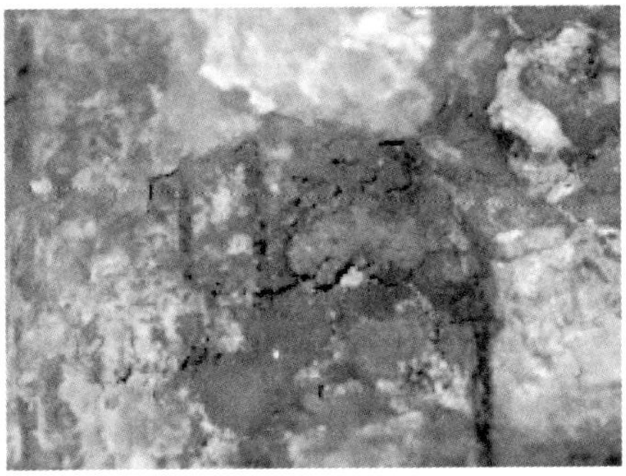	2 号侍女裙子中部	空鼓面积约 12cm^2，伴有粉状脱落
	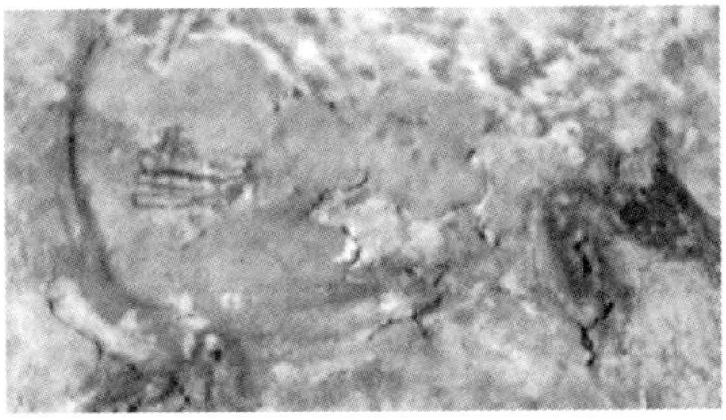	9 号人物脸部	
		5 号侍女裙子底部	空鼓区域有细小碎裂
	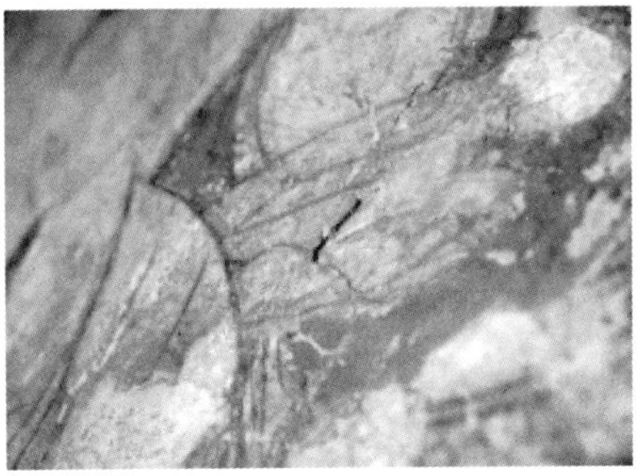	2 号侍女胸口	

病害名称	病害照片	病害位置	备注
点状脱落		8号侍女裙子底部	
		5号人物裙子中部	
		4号侍女腰部	脱落面积较大
		1号侍女面部	颜料褪色

　　永泰公主墓宫女图壁画病害类型分为裂隙、起甲、空鼓、点状脱落等。总体来看，病害种类较多，情况较为严重。

　　根据表 3-24 的信息可知，4 号侍女与 5 号侍女中间存在一条较宽且较长的裂隙，贯穿于整幅壁画，通过近距离观察，可发现此裂隙处有明显凸起，推测为壁画背部支撑体（木龙骨）变形所导致；起甲病害推测为壁画画面胶液残留多，导致壁画颜料层起翘、变形、起甲，整个壁画画面呈现出斑驳的状态，严重影响了壁画的外观与游客的参观效果；空鼓病害推测为壁画长时间竖立摆放在展柜中，形成了从上而下的压力，长时间的挤压导致壁画支撑体变形，引起局部空鼓，是壁画安全保存并展出的一大隐患；点状脱落多数为修复材料老化所导致，使壁画整体呈现出不平整的状态，影响了画面的完整性，对壁画画面的完整性与本体的安全性产生了较大威胁。

4 监测实施

4.1 监测背景

实施监测是为了解壁画馆大型展柜柜内微环境的环境分布情况，通过基础数据的采集与分析，结合壁画文物的病害特征，找到导致病害产生的主要原因。

通过布设环境监测节点，搭建温湿度场模型软件平台，建设壁画馆展柜内微环境分布场研究系统，根据所得数据开展基础研究工作，寻找展柜内温湿度变化范围规律及其影响因素。

与小型馆藏文物不同，壁画文物由于面积大，使得其展柜延伸范围广，由于展柜空间的有限性，壁画文物比其他馆藏文物上端更接近柜内照明灯（热源），在光辐射和湿度的共同作用下容易引发复杂的化学反应，从而对文物造成损害。因此，展柜空间内微环境温度、湿度等是否能达到一致是影响壁画保存状况的重要指标。本研究在大型展柜内部设置多个监测点位，得到多组数据，汇总在一个系统、全面、严谨的立体空间监测数据平台中，形成如下图所示的展柜内微环境场（以环境温度示例）。

如图 4-1 所示，全面部署监测设备后，将会掌握柜内微环境三维立体场分布

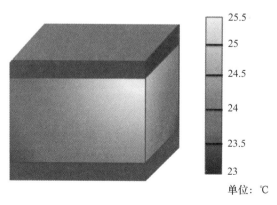

单位：℃

图 4-1　展柜内微环境场分布（以环境温度为例）

的一手数据资料，经过数据分析、处理，以三维图像形式表现出展柜内微环境的实时状况。经过大量的数据研究工作，掌握壁画文物保存最佳环境的各项指标，为同类大型文物保存空间环境精细化控制提供参考标准。

4.2 研究理论基础

大型展柜柜内微环境场的分布研究采用的是反距离加权插值法（Inverse Distance-Weighted Interpolation）原理。

反距离加权插值也可以称为距离倒数乘方法。距离倒数乘方格网化方法是一个加权平均插值法，可以进行确切的或者圆滑的方式插值。方次参数控制着权系数如何随着离开一个格网结点距离的增加而下降。对于一个较大的方次，较近的数据点被给定一个较高的权重份额，对于一个较小的方次，权重比较均匀地分配给各数据点。

计算一个格网结点时，给予一个特定数据点的权值与指定方次的从结点到观测点的该结点被赋予距离倒数成比例。当计算一个格网结点时，配给的权重是一个分数，所有权重的总和等于1.0。当一个观测点与一个格网结点重合时，该观测点被给予一个实际为1.0的权重，所有其他观测点被给予一个几乎为0.0的权重。换言之，该结点被赋予与观测点一致的值。这就是一个准确插值。

反距离加权差值算法：即根据一定数目的已知采样点的数据值乘以权值，再求和，并除以权值之和，即可得未知采样点的数据值。在反距离加权插值法中，权值与距离成反比，距离越小，权值越大。反距离权重函数为 $W(d)=d^{-2}$。

4.3 创新性布设方式

为了解决现有博物馆展柜功能单一，不能全面立体反馈展柜内文物保存环境，以及现有环境监测手段不能验证展柜内温湿度是否恒定的技术问题，此次研究创新性地设置了一种在博物馆展柜布设多种环境监测终端的布设方式，如图4-2所示，通过在柜体内壁设置上、中、下至少三层温湿度监测终端，实时获取柜体内上、中、下层的温湿度及其差异，能够验证恒温恒湿展柜是否真正能够保持整个展柜空间内的温湿度恒定。

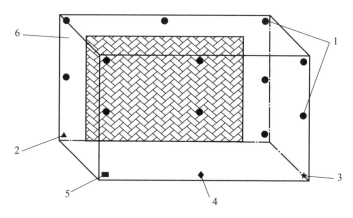

图 4-2　布设方式实施示意图

1. 温湿度监测终端　2. 二氧化碳监测终端　3. 有机挥发物监测终端　4. 光照监测终端

5. 紫外监测终端　6. 框体

本布设方式的特殊之处如下：

（1）柜体和设置在柜体上的环境监测终端。

（2）所述环境监测终端包括设置在所述柜体内壁上的温湿度监测终端、二氧化碳监测终端、有机挥发物监测终端、光照监测终端、紫外监测终端。

（3）所述温湿度监测终端至少有三台，分别设置在所述柜体内壁的上部、中部、下部。

（4）所述光照监测终端和紫外监测终端的测量面应与柜体内文物的主要受光面相对应，且接收柜体内的灯光光线时不会被遮挡。

（5）所述柜体内壁的所有环境监测终端，其位置应尽量靠近柜体内展陈的文物。

（6）所述环境监测终端还包括设置在所述柜体外壁上的二氧化碳监测终端和有机挥发物监测终端，其数量不多于柜体内壁的二氧化碳监测终端和有机挥发物监测终端，布置位置分别靠近柜体内壁的二氧化碳监测终端和有机挥发物监测终端，且避开通风口、墙壁和门窗口。

（7）所述环境监测终端还包括设置在所述柜体外壁上的温湿度监测终端，其数量不多于柜体内壁的温湿度监测终端，布置位置分别靠近柜体内壁的温湿度监测终端。

（8）所有环境监测终端的设置位置应不影响文物展陈。

（9）所述柜体高度超过 2.5m，长度超过 4m，所述柜体的内壁至少均匀设置上、中、下三层，且每层均匀布设多台所述温湿度监测终端、多台二氧化碳监测终端和多台有机挥发物监测终端。

（10）所述柜体高度超过2.5m，长度超过4m，在柜体内壁、外壁设置多台二氧化碳监测终端和多台有机挥发物监测终端。

（11）设置在所述柜体内壁的所有环境监测终端距离柜体的死角至少10cm。

与现有技术相比，本布设方式的优点如下：

（1）展柜柜体内壁设置有多种环境监测终端，能够实时反馈柜体内部微环境的数据，为研究展柜柜体内文物保存环境的污染程度提供了数据支撑；通过在柜体内壁设置上、中、下至少三层温湿度监测终端，可实时获取柜体内上、中、下层的温湿度及其差异，能够验证恒温恒湿展柜是否真正能够保持整个展柜空间内的温湿度恒定。

（2）通过在柜体内壁、外壁设置二氧化碳监测终端，一方面能够获取柜体内二氧化碳浓度数据，另一方面还能通过柜体内壁、外壁监测终端的数据对比，验证柜体的密封性。

（3）展柜柜体内、外壁均设置有机挥发物监测终端，便于对展柜柜体内外的有机挥发物浓度进行对比，从而便于判断污染物的来源是来自柜体内还是柜体外。

4.4 实施原则

实施监测时根据《中华人民共和国文物保护法》《保护世界文化和自然遗产公约》《中国世界文化遗产监测巡视管理办法》等有关法律法规，并参考信息化建设的相关规范，建立起陕西历史博物馆壁画馆大型展柜柜内微环境无线实时监测系统方案数据库，形成集文物管理和文物预防性保护等辅助决策技术为一体的管理及服务支撑体系。具体原则如下：

（1）具体实施采取"总体规划，分段实施"的原则。

（2）监测不对文物本体造成破坏，保持文物的原貌。

（3）保证监测设备和文物本体的安全性。

（4）监测的可扩展性、可持续性、前瞻性、安全性。

（5）使用先进的科学技术手段，开展多学科、多部门合作的方式完成设计。

4.5 设备指标参数

环境监测设备指标参数见表 4-1。

表 4-1 环境监测设备指标参数

序号	名称	参数	图片
1	室内型大气温湿度监测终端	MW302GA-HN 1）温度测量 测量范围：−20～70℃ 分辨率：0.01℃ 测量精度：±0.3℃（15～30℃），±0.6℃（−20～50℃） 2）湿度测量 测量范围：0～100%RH 分辨率：0.05%RH 测量精度：±2%RH（40%RH～80%RH）；±4%RH（0～40%RH&80%RH～98%RH）	
2	室内型无线光照、温湿度合一监测终端	MW370GA-Lux 1）室内光照度测量 测量范围：0.1lx～10000lx 分辨率：0.06lx 测量精度：±4%±1 个字 2）温度测量 测量范围：−20～70℃ 分辨率：0.01℃ 测量精度：±0.3℃（15～30℃），±0.6℃（−20～50℃） 3）湿度测量 测量范围：0～100%RH 分辨率：0.05%RH 测量精度：±2%RH（40%RH～80%RH）；±4%RH（0～40%RH，80%RH～98%RH）	
3	室内型无线紫外、温湿度合一监测终端	MW371GA-UV 1）室内紫外线测量 测量范围：$0.02\mu W/cm^2$～$230\mu W/cm^2$ （峰值波长（λ）365nm±3nm，峰值半高宽度 Δλ≤15nm） 分辨率：$0.01\mu W/cm^2$ 测量精度：相对示值误差优于 ±8%；角度响应误差优于 ±10% 2）温度测量 测量范围：−20～70℃ 分辨率：0.01℃	

序号	名称	参数	图片
3	室内型无线紫外、温湿度合一监测终端	测量精度：±0.3℃（15～30℃），±0.6℃（−20～50℃） 3）湿度测量 测量范围：0～100%RH 分辨率：0.05%RH 测量精度：±2%RH（40%RH～80%RH）；±4%RH（0～40%RH，80%RH～98%RH）	
4	室内型二氧化碳、温湿度合一监测终端	MW304GA-HN 1）二氧化碳浓度测量 测量范围：0～2000ppm 分辨率：1ppm 精确度：50ppm±2%读数（25℃） 2）温度测量 测量范围：−20～70℃ 分辨率：0.01℃ 测量精度：±0.3℃（15～30℃），±0.6℃（−20～50℃） 3）湿度测量 测量范围：0～100%RH 分辨率：0.05%RH 测量精度：±2%RH（40%RH～80%RH）；±4%RH（0～40%RH，80%RH～98%RH）	
5	室内型大气有机挥发物总量VOC、温湿度合一监测终端	MW306GA-HN 1）室内有机挥发物测量 测量范围：0～20ppm 分辨率：5ppb 测量精度：0.1ppm±8%读数 2）温度测量 测量范围：−20～70℃ 分辨率：0.01℃ 测量精度：±0.3℃（15～30℃），±0.6℃（−20～50℃） 3）湿度测量 测量范围：0～100%RH 分辨率：0.05%RH 测量精度：±2%RH（40%RH～80%RH）；±4%RH（0～40%RH，80%RH～98%RH）	
6	室内型监测终端网络中继设备（蓄电池＋市电）	MW601GA-HN 1）总体指标 使用国家无线电管理委员会免申请频段的433MHz（兆赫兹）频段； 2）组网方式 具有自组织网络的能力，能够自行搜索及加入网络；	

序号	名称	参数	图片
6	室内型监测终端网络中继设备（蓄电池＋市电）	具有周期性心跳包，周期性向网关发送心跳包以表征工作状态； 具有记录和上报路由信息的能力，发出的心跳包到达网关的路径能够被上位机解析，供其描绘网络拓扑关系图； 具有链路质量侦测能力，在信号微弱或不稳定情况下，能够自行判别，并搜索和优选更优质的网络传输路径； 3）数据传输 具有数据校验的能力，在收到数据包时，能够根据数据包的 CRC 信息验证数据的正确性；转发的数据包中携带 CRC 校验信息，在数据包被父节点收到后，上位机能验证数据的正确性； 具有反馈能力，成功接收到数据包后，予以回复，表明成功接收状态； 具有数据重发机制，当数据发送失败后，具有回避及重发机制。如果数据发送多次不成功，能够优选传输路径，并重新发送； 具有下行转发能力，自父节点接收下行包，并根据路由机制，转发至目标子节点； 发送功率≤22dBm；通讯距离大于 200m（视距传输）； 4）供电方式 具有灵活的供电方式，以便灵活安装； 能接入 220V 市电，并且内置应急可充电源。应急可充电源在无市电条件下可支撑设备正常运行 2 天； 具备接入太阳能蓄电池直流电的能力，太阳能蓄电池续航能力大于 2 天； 5）外壳材料 采用 ABS 工程塑料； 6）电路板保护 防潮湿、防霉菌、防盐雾	
7	室内型监测终端网络网关设备（蓄电池＋市电）	MW901GA-HN 1）总体指标 使用国家无线电管理委员会免申请频段的 433MHz（兆赫兹）频段； 2）组网方式 具有自组织网络的能力，能在指定的信道自行建立网络； 3）数据传输 具有数据存储及数据上传、回补到数据库的功能； 具有数据校验的能力。在收到数据包时，能够根据数据包的 CRC 信息验证数据的正确性；转发的数据包中携带 CRC 校验信息，在数据包被父节点收到后，上位机能验证数据的正确性；	

序号	名称	参数	图片
7	室内型监测终端网络网关设备（蓄电池＋市电）	具有反馈能力，成功接收到数据包后，予以回复，表明成功接收状态； 具有数据重发机制，当数据发送失败后，具有回避及重发机制。如果数据发送多次不成功，能够优选父节点，并重新发送； 具有下行转发能力，自父节点接收下行包，并根据路由机制，转发至目标子节点； 无线网络网关与上位机通过远程方式连接。无线网络网关可以通过多种方式如网线、3G、4G、Wi-Fi等连入网络； 无线网络网关的发送功率要求≤30dBm。无线网络网关与中继设备间的通讯距离大于 200m（视距传输）； 4）供电方式 采用 220V 市电供电；产品具有应急电源装置； 5）电路板保护 防潮湿、防霉菌、防盐雾	

4.6 实 施 过 程

选取展厅中仪卫图、宫女图以及白虎图三幅壁画展柜，如图 4-3 所示，进行微环境温湿度立体监测。

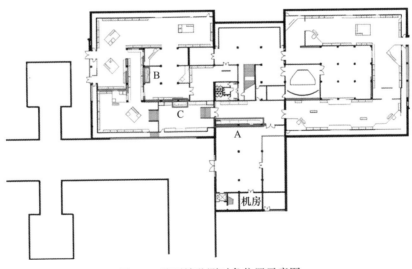

图 4-3 壁画馆监测对象位置示意图
A. 白虎图 B. 宫女图 C. 仪卫图

展柜内整体微环境温湿度监测设备的布设将依照三个层次监测展开。

第一层次：壁画柜上层部署温湿度监测设备，监测展柜内上层空间的温湿度分布情况。

第二层次：展柜内中间层部署温湿度监测设备，监测展柜内中间层温湿度分布，可与上、下层温湿度分布情况进行对比，观察柜内微环境的一致程度；检测展柜内上中下层的温湿度差异，同时验证恒温恒湿展柜是否真正能够保持整个展柜空间内的温湿度恒定。

第三层次：壁画柜下层部署温湿度监测设备，监测展柜内下层空间的温湿度分布情况。

白虎图展柜内内层均匀部署温湿度监测设备6台，展柜内外层均匀部署温湿度监测设备6台，展柜外对应位置部署温湿度监测终端6台（即展柜玻璃内外对应位置各有1台温湿度监测终端），此外，在展柜内外分别部署1台光照、1台紫外、1台二氧化碳、1台有机挥发物监测设备，部署效果如图4-4所示。仪卫图展柜内内层均匀部署温湿度监测设备6台，展柜内外层均匀部署温湿度监测设备6台，展柜外对应位置部署温湿度监测终端4台（即展柜玻璃外四角对应位置各有一台温湿度监测终端），部署效果如图4-5所示。宫女图展柜内内层四角处均匀部署温湿度监测设备4台，展柜内外层四角处均匀部署温湿度监测设备4台，展柜外四角处对应位置部署温湿度监测终端4台，部署效果如图4-6所示。

图4-4　白虎图展柜监测点部署效果图

图 4-5 仪卫图展柜监测点部署效果图

图 4-6 宫女图展柜监测点部署效果图

4.7 环境监测管理系统

无线传感监测系统：无线传感实时监测系统是针对可移动文物保存环境的特殊需求，采用成熟的博物馆环境因素监测技术、先进的无线传感技术和互联网技术所构成的环境基本指标和质量评估成套自组网系统。该系统组成结构应包括数据采集监测终端、系统自组网中继、数据接收网关、互联网网络和数据库储存设备,以及监测站平台软件等。

4.7.1 系统功能

系统的主要功能是实现实时监测文物保存环境基本参数的变化,并通过无线通信技术将监测参数传输到监测中心,以达到及时了解、查询环境质量及其变化的目的。同时,通过实时监测环境,实现对异常环境质量的及时预警,第一时间提醒相关人员采取必要的保护和调节措施,有效提高馆藏文物保存风险预控的能力。系统还可以及时储存所采集的数据信息,逐步形成大容量的"环境历史数据库",为博物馆工作人员进行文物保护方法研究提供了重要依据,并为保护措施的制定提供科学依据。结构示意图如图 4-7 所示。

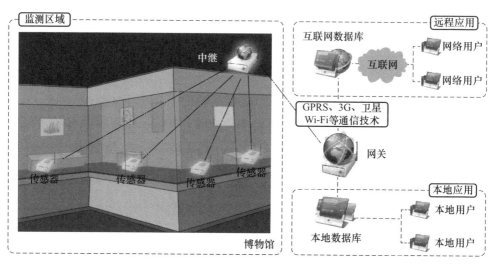

图 4-7 无线传感网络示意图

4.7.2 系统组成

1. 无线传感环境监测终端

无线传感环境监测终端是一种集环境指标传感器模块、数据处理模块、无线传输模块、电源模块于一体的智能化环境监测仪。要求满足博物馆环境指标检测量程范围和测量精度,数据传输稳定、体量小、功耗低、式样美观、制作材料在使用中不会散发污染物。

2. 无线传感网络系统中继

无线传感网络系统中的中继，主要功能是转发传感节点采样的监测数据，并通过无线自组织网络传送至网关，也可通过一系列中继以实现更远距离的传输。中继应由与环境监测终端功能相同的数据处理模块、无线传输模块，以及存储模块和市电及应急电源组成。

3. 无线传感网络系统网关

无线传感网络系统中的网关，主要功能为接收中继或数据采集点发送的监测数据，并转发至计算功能更强的应用服务器进行处理。网关应由国家无线电管理规定和技术标准的无线传输模块和数据处理模块，以及与异构网络相连的嵌入式系统组成。配置外部输入/输出通信单元，应用于服务器通信（可采用以太网、串行通信协议、USB 接口、GPRS 无线通信、CDMA 无线通信和卫星通信等方式）。

针对陕西历史博物馆的监测实施情况，环境监测管理系统分为两大部分：页面展示部分和后台数据获取部分。页面展示部分主要加载 3D 模型，以及渲染从陕西历史博物馆后台服务器获取的实时温湿度数据来动态展示、渲染立体场，后台数据获取部分主要从陕西历史博物馆服务器获取、缓存展柜实时的温湿度数据，以供 3D 场实时展示，系统示意图如图 4-8、图 4-9 所示。

为了更好地显示壁画展柜微环境场的情况，此次研究建立了微环境因素场分布三维展示，系统提供切换温湿度、透明度、时间段选择等功能，如图 4-10 所

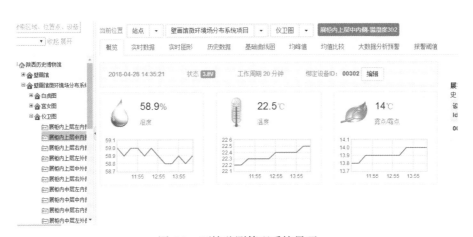

图 4-8 环境监测管理系统界面

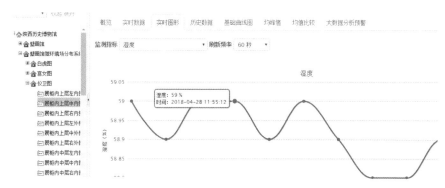

图 4-9　环境监测管理系统界面

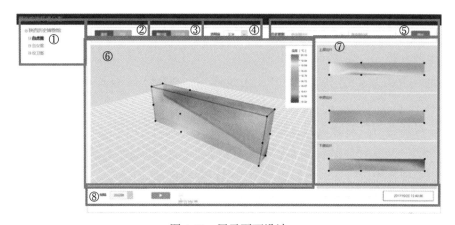

图 4-10　展示页面设计

①展柜切换（白虎图、宫女图、仪卫图）；②温湿度切换（温度、湿度）；
③瞬时值平均值切换（瞬时值、平均值）；④透明度切换（低、正常、高）；
⑤历史数据时间段选择（精确到秒）；⑥ 3D 立体场展示区（图中圆点代表设备部署位置）；
⑦上、中、下各层数据展示区（鼠标悬浮时，动态显示每个时刻的实时数据）；⑧历史数据时间轴

示，系统中可以直观显示选定时间段场内的实时温湿度变化，并且可以通过提供的上、中、下 3 层采集点的平面温湿度展示画面，更精确地掌握具体的温湿度数据。

4.8　微环境监测系统平台软件

4.8.1　软件架构

本系统软件基于 J2EE 体系架构完成后端数据处理业务，前端应用层采用基

于 HTML5 技术的 Three.js 组件进行温湿度场景渲染，系统软件包括两大部分：中间件软件和上层应用软件，具体功能模块如图 4-11 所示。

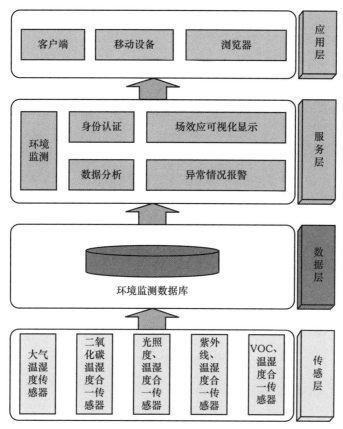

图 4-11　软件架构

4.8.2　软件功能

该监测系统平台，具有监测点位和参数设置、专业数据分析、列表或图示化显示、实时报警、历史数据查询、校正公式设置、离线检测数据登录等功能，并具备扩展接口，能按规范扩展兼容更多成熟监测终端和调控装置无线数据等的接入。

在数据可视化方面，本系统以温湿度场的应用与实现作为突破点，实现三个展柜内包括温湿度在内的微环境数据大规模采集，可实现关注目标从"点"延伸到"面"，视角更为宏观，并对样本点周边范围内微环境进行精准预测，还可以实时了解温度、湿度等指标的空间分布态势。

4.8.3 效果展示（图 4-12）

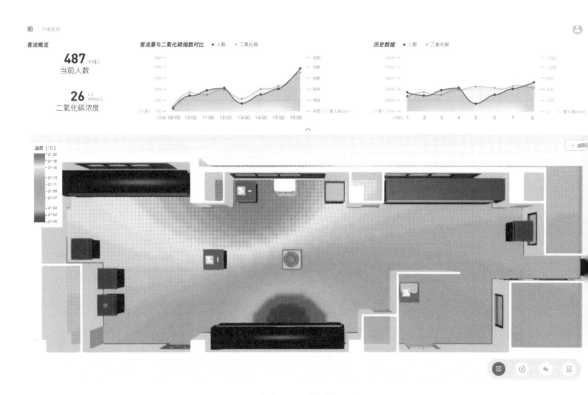

图 4-12 效果展示

5　检测数据分析

5.1　温　湿　度

5.1.1　白虎图

2016 年 7 月到 2018 年 10 月，白虎图壁画温湿度变化情况如图 5-1、图 5-2 所示，展柜内外温湿度的波动趋势基本一致，展柜内温湿度波动明显小于展柜外，

图 5-1　白虎图展柜内温湿度

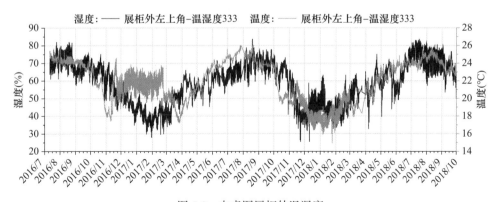

图 5-2　白虎图展柜外温湿度

温湿度在冬季供暖、夏季制冷时的日波动明显增大。温湿度均呈现夏季高、冬季低的趋势，2016 年 11 月到 2017 年 3 月，温度受空调供暖影响出现供暖前后最低、供暖期温度上升的现象，2017 年 11 月至 2018 年 3 月，由于外界气温影响大于空调供暖影响，因此虽出现供暖后温度上升，但整体仍然呈现下降的趋势，间接导致湿度的升高。

2016 年 7 月到 2018 年 9 月，白虎图每月展柜内外平均湿度及波动范围对比情况如图 5-3 所示，平均湿度均呈夏季高、冬季低的趋势，在夏季制冷时期展柜内低于展柜外，冬季供暖时期展柜内高于展柜外，2016 年夏季展柜内外的湿度差大于 2017 年、2018 年同一时期。而每月的湿度波动范围展柜内明显小于展柜外，呈现夏季波动范围小、冬季波动范围大的趋势。2017 年 11 月展柜内的湿度

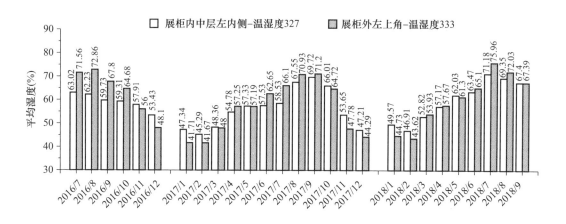

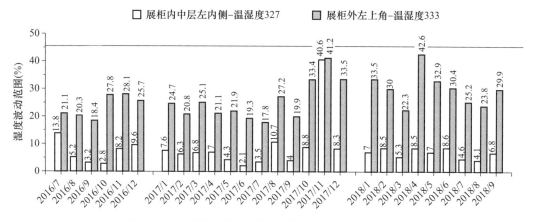

图 5-3　白虎图每月展柜内外平均湿度及波动范围对比

波动范围明显增大，是由于 11 月 22 日、23 日湿度波动突增导致的（图 5-4），推测是展柜内恒温恒湿系统调节温湿度造成的温湿度突变。

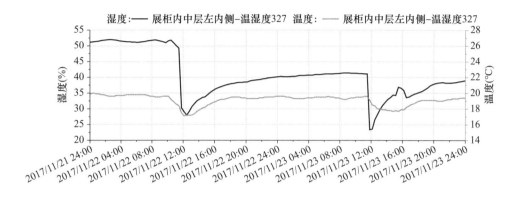

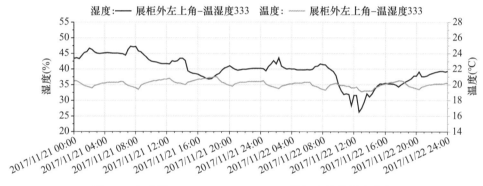

图 5-4　白虎图 2017.11.21～2017.11.23 展柜内外温湿度变化

2016 年 7 月到 2018 年 9 月，白虎图每月展柜内外平均温度及波动范围对比情况如图 5-5 所示，平均温度均呈夏季高、冬季低的趋势，在冬季供暖时出现供暖前后温度低于供暖时的现象。展柜内外温度基本一致，在冬季供暖时期展柜内温度略高于展柜外。每月的温度波动范围展柜内外相差较小，呈现夏季波动范围小、冬季波动范围大的趋势，展柜内波动范围基本小于展柜外。

白虎图壁画 2016 年第三季度至 2017 第二季度的温湿度（季度平均值）及其平均日波动生成的空间分布图如图 5-6～图 5-13 所示。其中左上为湿度空间分布，右上为湿度平均日波动空间分布，左下为温度空间分布，右下为温度平均日波动空间分布。由图可以明显看到较湿区域、较干区域、高温区、低温区，以及温湿度平均日波动较大的区域。

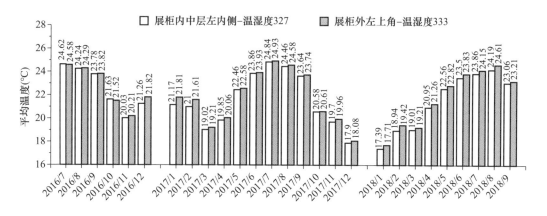

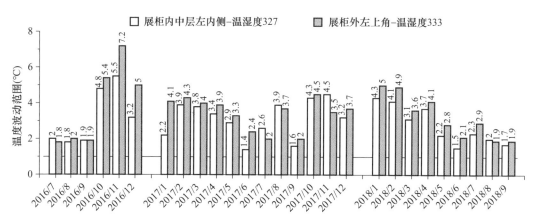

图 5-5　白虎图每月展柜内外平均温度及波动范围对比

　　白虎图壁画展柜内内层的场图显示：2016 年第三季度内层大部分面积湿度相对较小，为 58%～60.4%，左下角和右下角相对较湿，为 61%～62%；湿度较小的地方温度较高，为 24～24.45℃，左下角是温度最低的地方，为 23.75℃。湿度日波动左上角最大，温度日波动左下角最大。2016 年第四季度内层大部分面积湿度相对较小，为 55%～57%，左下角和右下角相对较湿，为 57%～59%；湿度较小的地方温度较高，在 21℃左右，左下角是温度最低的地方，约 20℃。温湿度日波动均是上层边角较大，下层较小，通风口及调节系统应设置在上层边角处，造成日波动相对较大。2017 年第一季度内层大部分面积湿度相对较小，为 45%～48%，左下角和右下角相对较湿，为 49%～50%；温度普遍较高，为 20～20.7℃，左下角和右下角是温度最低的地方，为 19.65℃。温湿度日波动均是上层边角较大，下层较小，通风口及调节系统应设置在上层边角处，造成日波动相对较大。2017 年第二季度内层大部分面积湿度相对较小，为 55.6%～57%，

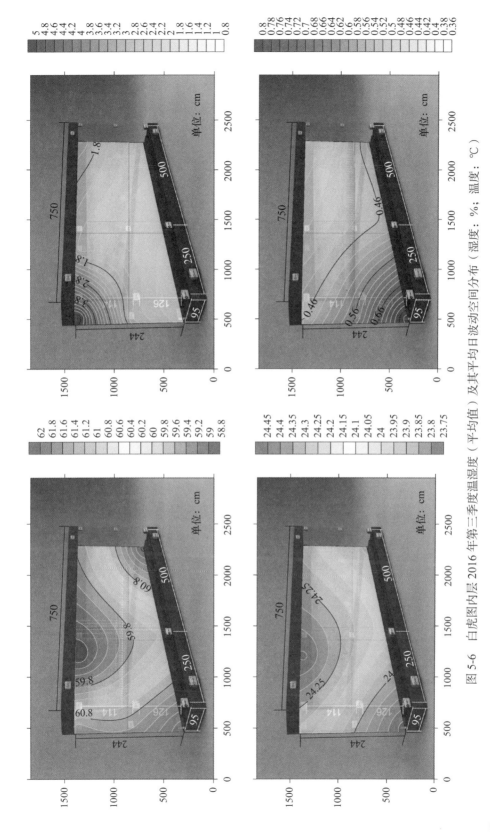

图 5-6　白虎图内层 2016 年第三季度温湿度（平均值）及其平均日波动空间分布（湿度：%；温度：℃）

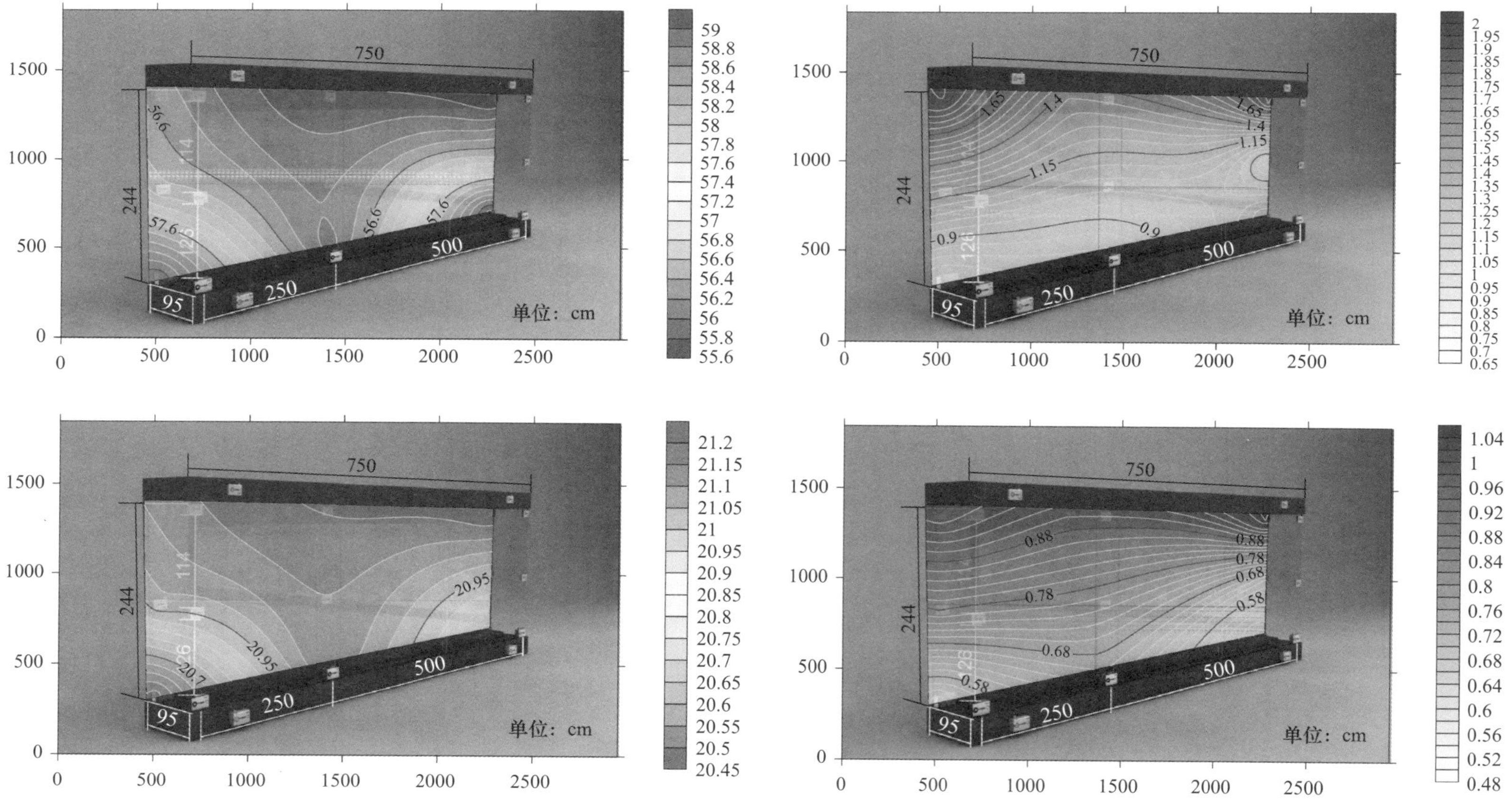

图 5-7 白虎图内层 2016 年第四季度温湿度（平均值）及其平均日波动空间分布（湿度：%；温度：℃）

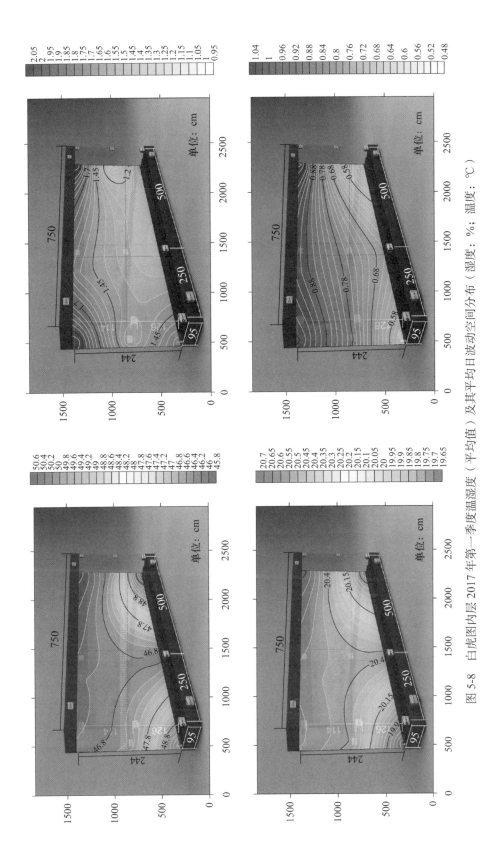

图 5-8 白虎图内层 2017 年第一季度温湿度（平均值）及其平均日波动空间分布（湿度：%；温度：℃）

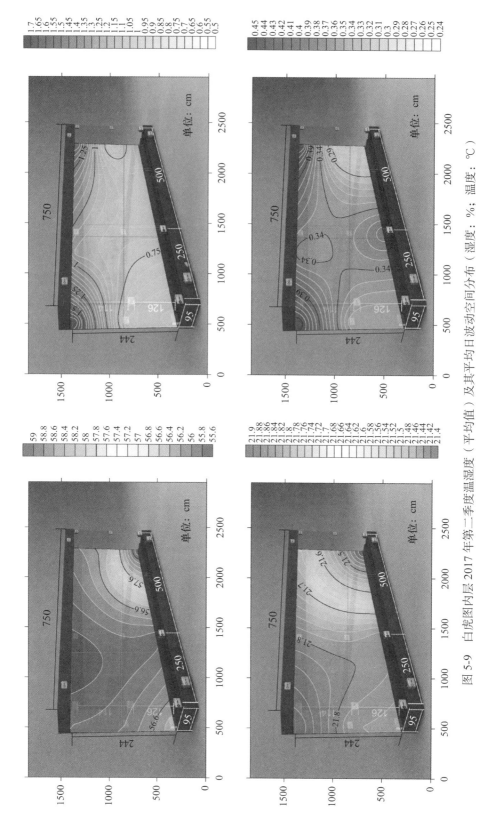

图 5-9　白虎图内层 2017 年第二季度温湿度（平均值）及其平均日波动空间分布（湿度：%；温度：℃）

94

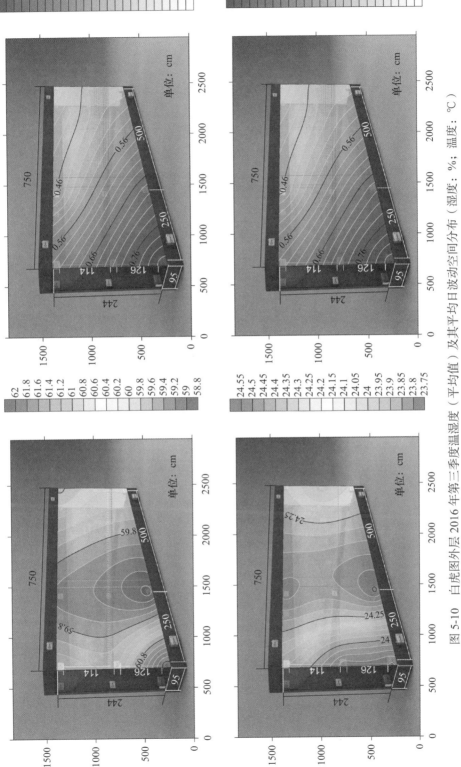

图 5-10　白虎图外层 2016 年第三季度温湿度（平均值）及其平均日波动空间分布（湿度：%；温度：℃）

95

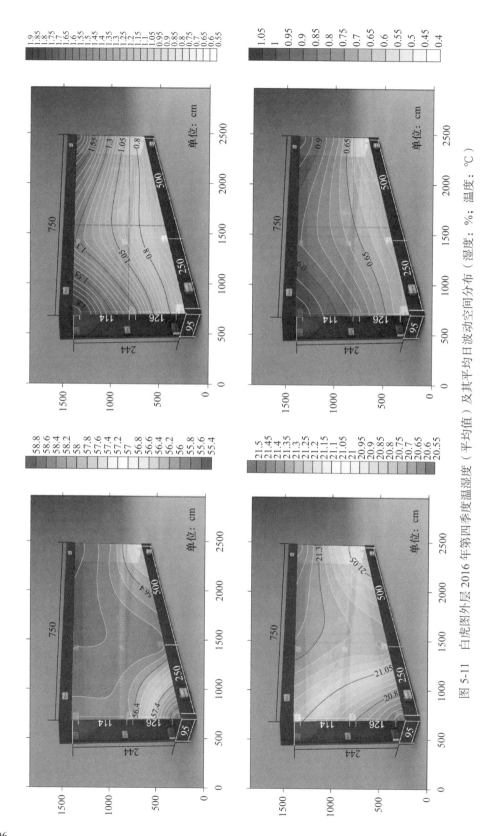

图 5-11　白虎图外层 2016 年第四季温湿度（平均值）及其平均日波动空间分布（湿度：％；温度：℃）

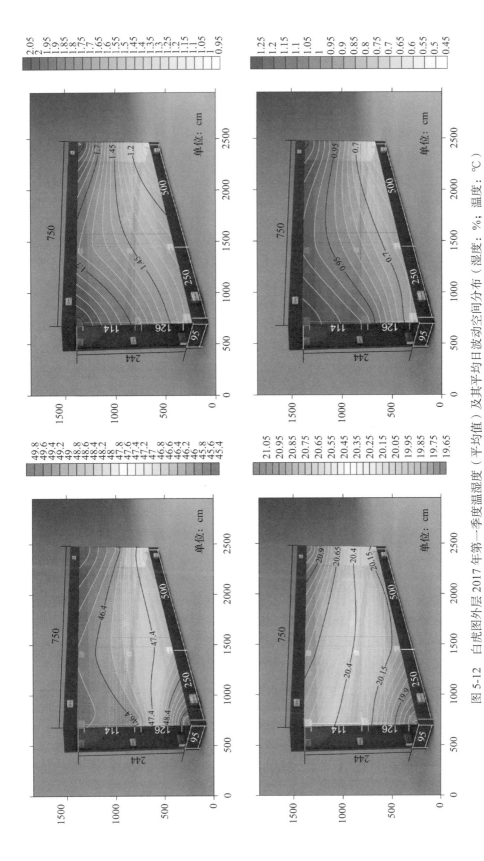

图 5-12 白虎图外层 2017 年第一季度温湿度（平均值）及其平均日波动空间分布（湿度：%；温度：℃）

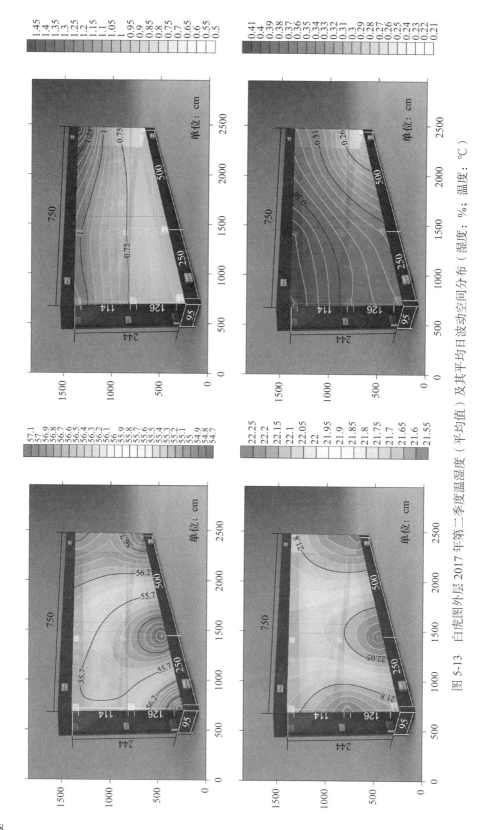

图 5-13 白虎图外层 2017 年第二季度温湿度（平均值）及其平均日波动空间分布（湿度：%；温度：℃）

右下角相对较湿，为 57.2%～59%；温度普遍较高，为 21.6～21.9℃，右下角是温度最低的区域，为 21.4℃。温湿度日波动均是上层边角较大，下层较小，通风口及调节系统应设置在上层边角处，造成日波动相对较大（图 5-14）。

图 5-14　白虎图内侧湿度对比

白虎图壁画展柜内外层的场图显示：2016 年第三季度外层中部湿度相对较小，为 58.8%～60.4%，左下角相对较湿，为 61%～62%；温度中部较高，为 24.3～24.55℃，左下角是温度最低的地方，为 23.75～24℃。温湿度日波动与内层规律一致。2016 年第四季度外层大部分面积湿度相对较小，为 55.4%～57%，左下角相对较湿，为 57%～60%；湿度较小的地方温度较高，为 21.2～21.5℃，左下角是温度最低的地方，为 20～21℃。温湿度日波动均是上层边角较大，下层较小，与内层规律一致。2017 年第一季度外层大部分面积湿度相对较小，为 45.4%～48%，左下角相对较湿，为 48%～49.8%；温度普遍较高，为 20.15～21.05℃，左下角是温度最低的地方，为 19.65℃。温湿度日波动均是上层边角较大，下层较小，与内层规律一致。2017 年第二季度外层大部分面积湿度相对较小，为 54.7%～55.9%，右侧和左下角相对较湿，为 56%～57.1%；温度下层中部较高，为 21.9～22.25℃，左侧和右下角是温度较低，为 21.55～21.85℃。湿度日波动均是上层较大，下层较小，温度大部分面积日波动较大，右下角波动较小（图 5-15）。

图 5-15　白虎图外侧湿度对比

　　白虎图壁画展柜外的场图显示：2016 年第三季度展柜外右上角湿度相对较小，为 69.5%～70%，以右上角为中心向外辐射，湿度基本呈越来越大的趋势，为 70%～70.7%；温度分上中下三层，由上到下温度越来越低，上下层相差约 1℃。温湿度日波动均是下层较大。2016 年第四季度展柜外右上角湿度相对较小，为 54%～56%，以右上角为中心向外辐射，湿度基本呈越来越大的趋势，为 56%～58%；湿度较小的地方温度较高，右上角温度最大，为 21.5℃左右，其他地方温度为 20～21℃。湿度日波动以左下角和右上角最大，温度日波动上层最大。2017 年第一季度展柜外右上角湿度相对较小，为 41.6%～44%，以右上角为中心向外辐射，湿度基本呈越来越大的趋势，为 44%～46.4%；右上角温度最大，约 21.4℃，其他地方温度为 19.6～21℃。湿度日波动以右下角最大，温度日波动上层最大。2017 年第二季度展柜外大部分面积湿度相对较小，为 59.2%～61.6%，右下角相对较湿，为 61.8%～64%；右下角温度最大，约 22.95℃，其他地方温度为 21.75～22℃。湿度日波动下层较大，温度日波动左侧最大（图 5-16）。

　　2016 年 12 月～2017 年 3 月，湿度先下降后升高，其他时间较为平稳。平均湿度：展柜外＞内侧＞外侧。湿度最高值：展柜外＞内侧＞外侧，湿度最低值：内侧＝外侧＞展柜外，波动值：展柜外＞内侧＞外侧。湿度日波动：展柜外＞内侧＞外侧（图 5-17～图 5-19）。

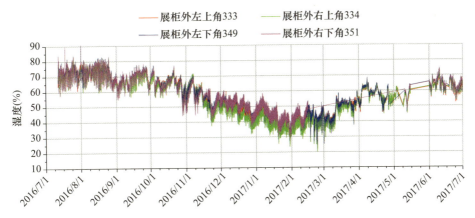

图 5-16　白虎图展柜外湿度对比

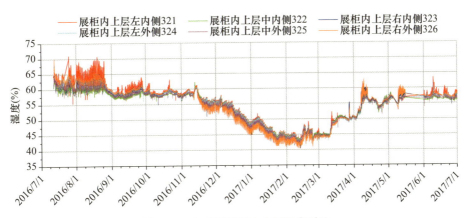

图 5-17　白虎图展柜内上层湿度对比

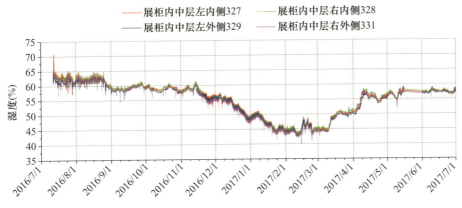

图 5-18　白虎图展柜内中层湿度对比

图 5-19　白虎图展柜内下层湿度对比

2016 年 11 月中旬和 2017 年 3 月底温度有低值，2016 年 12 月～2017 年 2 月温度日波动稍大于其他时间。平均温度：外侧＞展柜外＞内侧。温度最大值：内侧＞外侧＞展柜外，温度最小值：内侧＞外侧＞展柜外，波动值：展柜外＞内侧＞外侧。温度日波动：展柜外＞外侧＞内侧（图 5-20～图 5-22）。

图 5-20　白虎图内侧温度对比

上层各监测点在 2016 年 7、8 月日波动较大，中层各监测点湿度差异最小，下层湿度差异最大，展柜内下层右内侧 332 湿度平均最高，展柜内下层中外侧 346 湿度平均最低。

平均湿度：上层＜中层＜下层。湿度最高值：上层＞中层＞下层，湿度最低值：上层＞中层＞下层，波动值：上层＜中层＜下层。湿度日波动：上层＞中层＞下层。

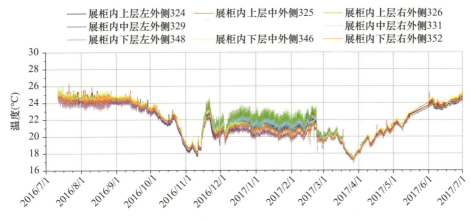

图 5-21　白虎图外侧温度对比

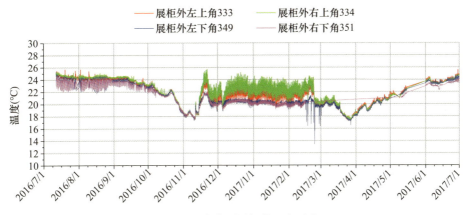

图 5-22　白虎图展柜外温度对比

2016 年 12 月～2017 年 2 月温度日波动相对其他时间较大。平均温度：上层＞中层＞下层。温度最大值：上层＞中层＝下层，温度最小值：上层＝下层＞中层，波动值：上层＞中层＞下层。温度日波动：上层＞中层＞下层（图 5-23～图 5-25）。

2016 年 11 月～2017 年 3 月左侧和右侧各监测点湿度差异最大，中侧湿度差异较小。左侧监测点中 329 湿度明显较低，右侧监测点中 332 湿度明显较高（图 5-26～图 5-28）。

平均湿度：左侧＞右侧＞中侧。湿度最高值：左侧＞右侧＞中侧，湿度最低值：左侧＝中侧＜右侧，波动值：左侧＞中侧＞右侧。湿度日波动：左侧＞右侧＞中侧。

2016 年 12 月～2017 年 2 月温度日波动相对其他时间较大。平均温度：左侧＜

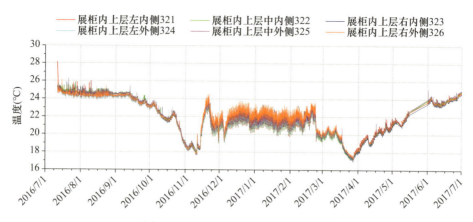

图 5-23　白虎图展柜内上层温度对比

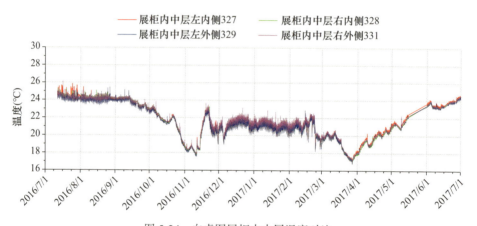

图 5-24　白虎图展柜内中层温度对比

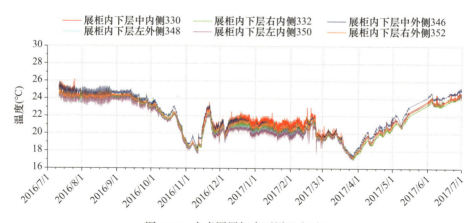

图 5-25　白虎图展柜内下层温度对比

图 5-26　白虎图展柜内左侧湿度对比

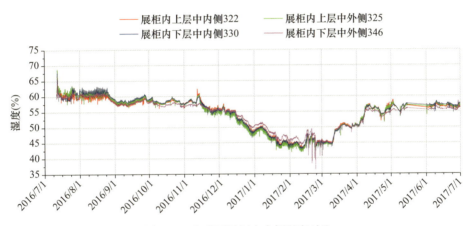

图 5-27　白虎图展柜内中侧湿度对比

图 5-28　白虎图展柜内右侧湿度对比

右侧＜中侧。温度最大值：左侧＞中侧＞右侧，温度最小值：中侧＞右侧＞左侧，波动值：左侧＞中侧＝右侧。温度日波动：左侧＞中侧＞右侧（图5-29～图5-31）。

图 5-29　白虎图展柜内左侧温度对比

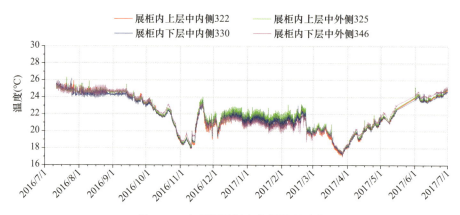

图 5-30　白虎图展柜内中侧温度对比

图 5-31　白虎图展柜内右侧温度对比

5.1.2 仪卫图

2016年7月到2018年9月，仪卫图壁画温湿度变化情况如图5-32所示，展柜内外温湿度的波动趋势基本一致，展柜内温湿度波动明显小于展柜外，温湿度在冬季供暖、夏季制冷时期日波动明显增大。温湿度均呈现夏季高、冬季低的趋势，2016年11月到2017年3月温度受空调供暖影响，出现供暖前后最低、供暖季大幅度上升的现象，2017年11月至2018年3月，由于外界气温影响大于空调供暖影响，因此虽出现供暖后温度上升，但整体仍然呈现下降的趋势，间接导致湿度的升高。

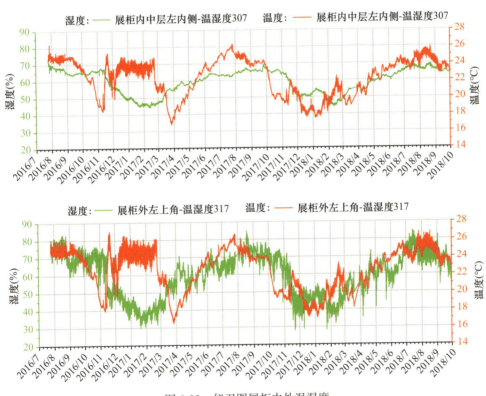

图5-32 仪卫图展柜内外温湿度

2016年7月到2018年9月，仪卫图每月展柜内外平均湿度及波动范围对比情况如图5-33所示，平均湿度均呈夏季高、冬季低的趋势，在夏季制冷时期展柜内低于展柜外，冬季供暖时期展柜内高于展柜外。而每月的湿度波动范围展柜内明显小于展柜外，呈现夏季波动范围小、冬季波动范围大的趋势。

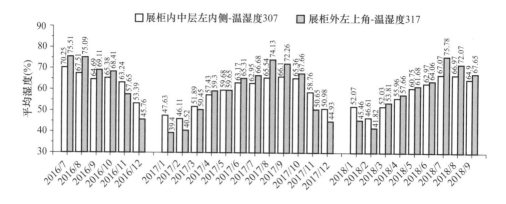

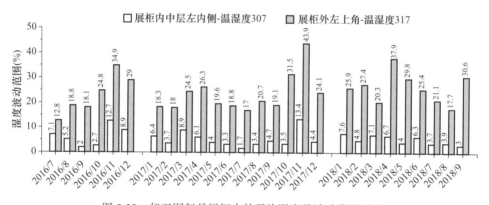

图 5-33　仪卫图每月展柜内外平均湿度及波动范围对比

2016 年 7 月到 2018 年 9 月，仪卫图每月展柜内外平均温度及波动范围对比情况如图 5-34 所示，平均温度均呈冬季低、夏季高的趋势，但在冬季供暖时期出现供暖期温度突增、供暖前后温度低于供暖时的现象。展柜内外温度基本一致，每月的温度波动范围展柜内外相差较小，呈现夏季波动范围小、冬季波动范围大的趋势，展柜内波动范围基本小于展柜外。

仪卫图壁画 2016 年第三季度至 2017 年第二季度的温湿度（平均值）及其平均日波动生成的空间分布图如图 5-35～图 5-46 所示，其中左上为湿度空间分布，右上为湿度平均日波动空间分布，左下为温度空间分布，右下为温度平均日波动空间分布。由图可以明显看到较湿区域、较干区域、高温区、低温区，以及温湿度平均日波动较大的区域。

仪卫图壁画展柜内内层的场图显示：2016 年第三季度内层中下部湿度较小，为 64.3%～65.4%，左下角相对较湿，为 66%～66.6%；湿度较小的地方温度较

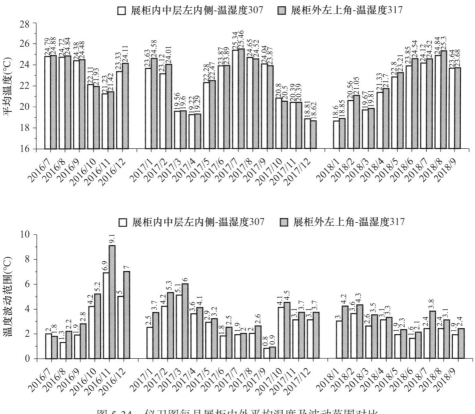

图 5-34 仪卫图每月展柜内外平均温度及波动范围对比

高，为 24.9～24.96℃，左下角是温度最低的地方，为 24.44℃。湿度日波动以左下角和中部最大，温度日波动左下角最大。2016 年第四季度内层大部分面积湿度相对较小，为 59%～62%，左下角相对较湿，为 62%～65%；湿度较小的地方温度较高，为 22.3～22.8℃，右下角是温度最低的地方，为 21.9～22.3℃。温湿度日波动上层均大于下层。2017 年第一季度内层上层部分面积湿度相对较小，为 46.4%～49%，右下角相对较湿，约 51.4%；温度上层较高，为 22～22.8℃，右下角是温度最低的地方，约 21.1℃。温湿度日波动上层均大于下层。2017 年第二季度内层上部中间及右下角湿度相对较高，为 59.9%～60.4%，下边中部湿度相对较低，为 59.35%～59.75%；温度下边中部较高，为 21.51～21.63℃，左上角及右侧区域温度较低。温湿度日波动均是右侧较大。

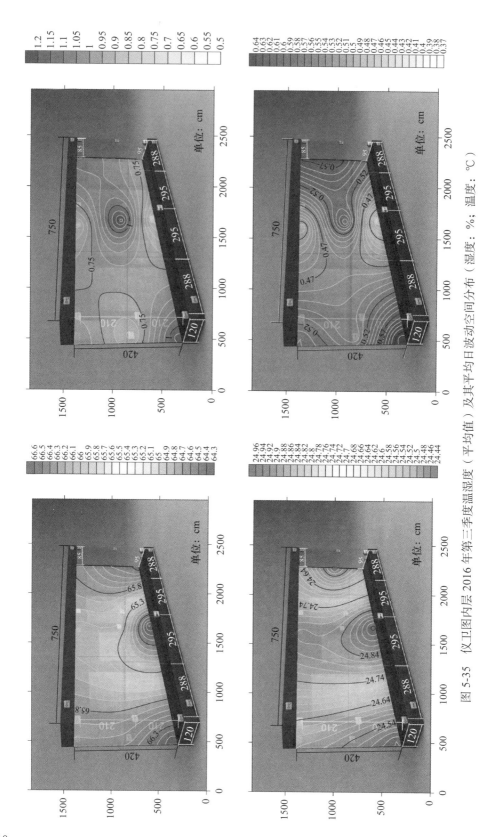

图 5-35 仪卫图内层 2016 年第三季度温湿度（平均值）及其平均日波动空间分布（湿度：%；温度：℃）

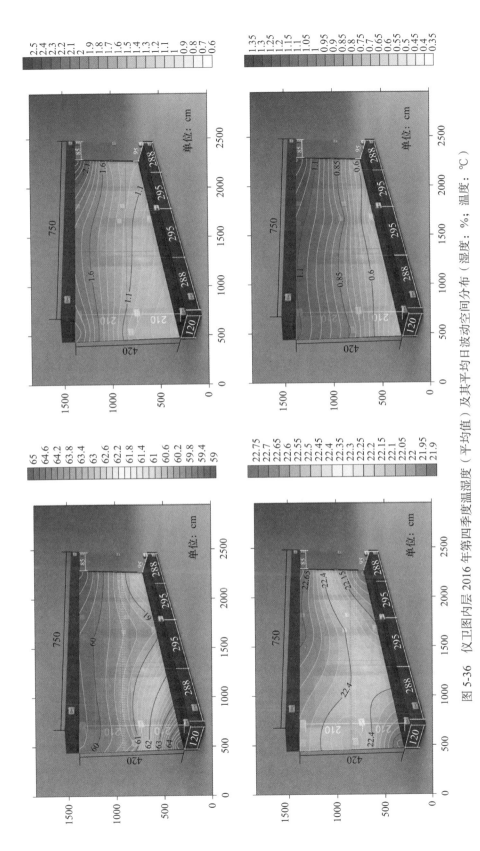

图 5-36　仪卫图内层 2016 年第四季度温湿度（平均值）及其平均日波动空间分布（湿度：%；温度：℃）

111

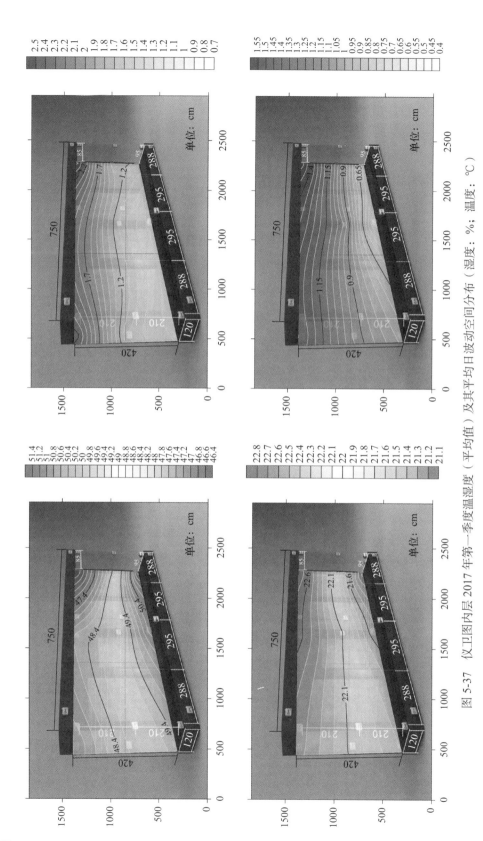

图 5-37 仪卫图内层 2017 年第一季度温湿度（平均值）及其平均日波动空间分布（湿度：%；温度：℃）

112

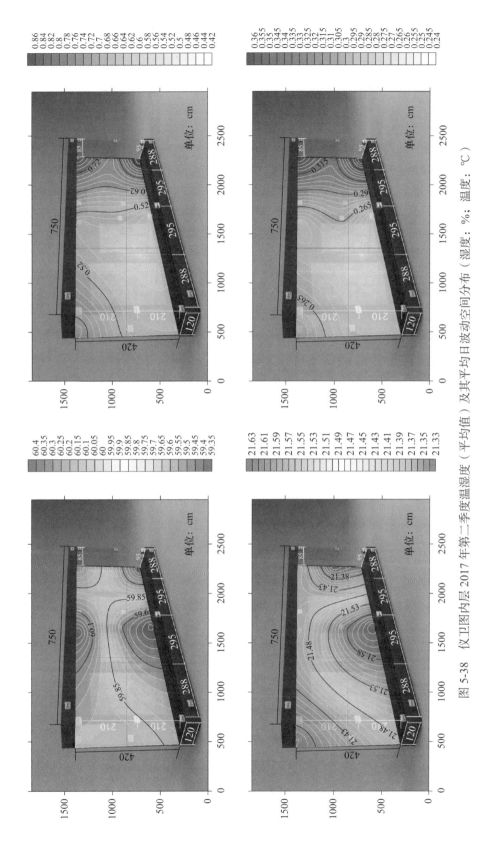

图 5-38 仪卫图内层 2017 年第二季度温湿度（平均值）及其平均日波动空间分布（湿度：%；温度：℃）

113

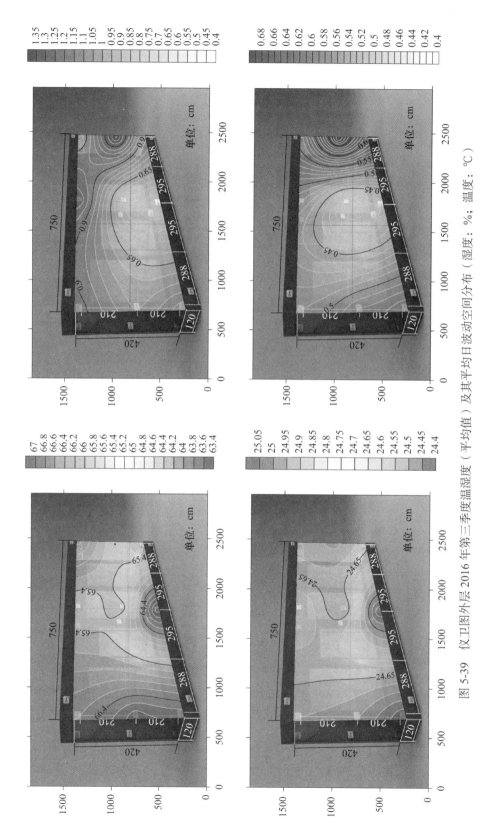

图 5-39　仪卫图外层 2016 年第三季度温湿度（平均值）及其平均日波动日波动空间分布（湿度：%；温度：℃）

114

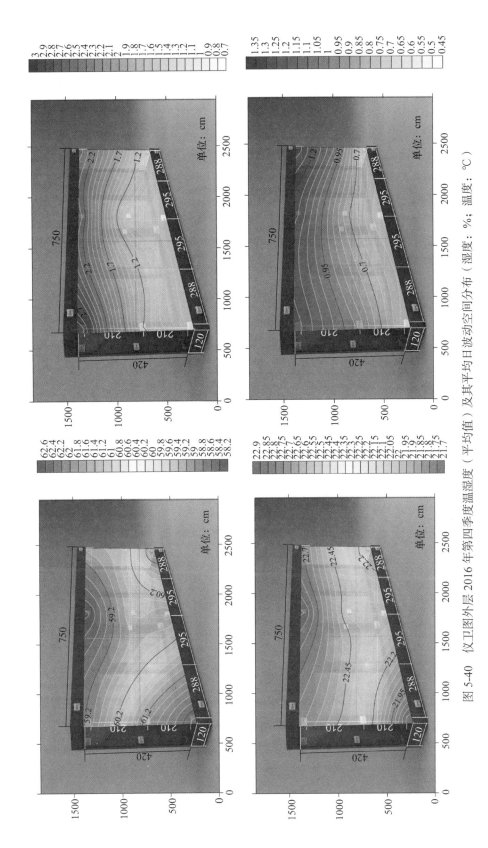

图 5-40 仪卫图外层 2016 年第四季度温湿度（平均值）及其平均日波动空间分布（湿度：%；温度：℃）

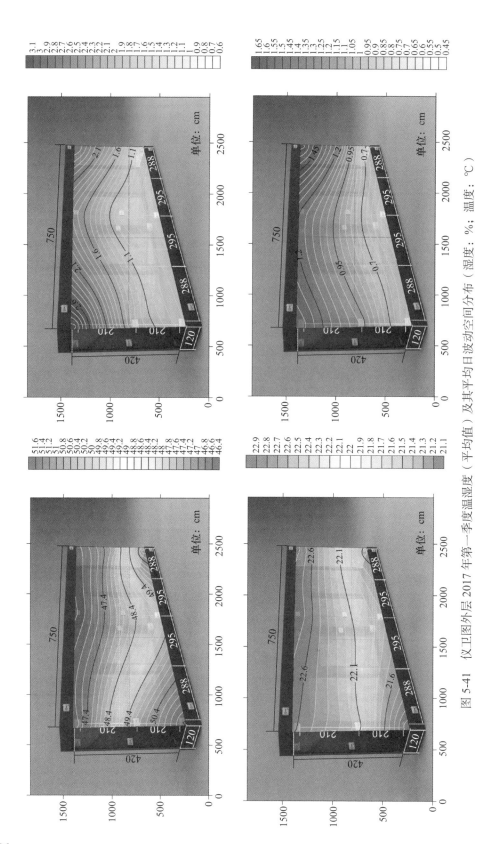

图 5-41   仪卫图外层 2017 年第一季度温湿度（平均值）及其平均日波动空间分布（湿度：%；温度：℃）

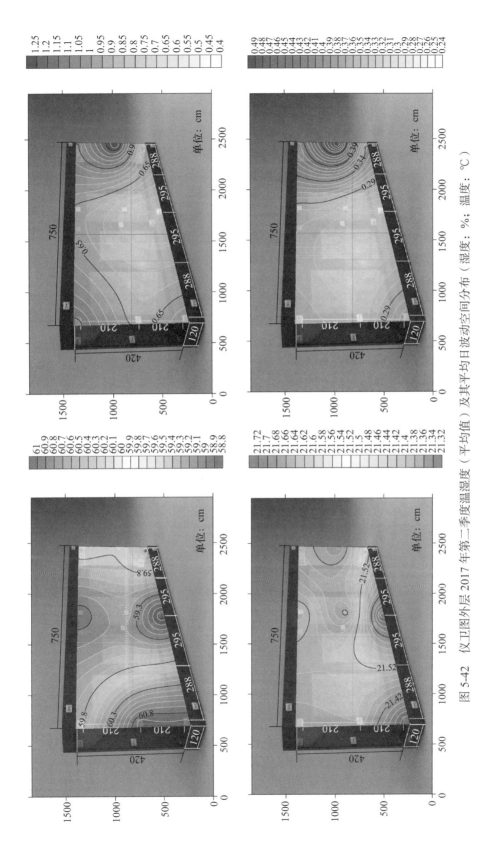

图 5-42　仪卫图外层 2017 年第二季度温湿度（平均值）及其平均日波动空间分布（湿度：%；温度：℃）

117

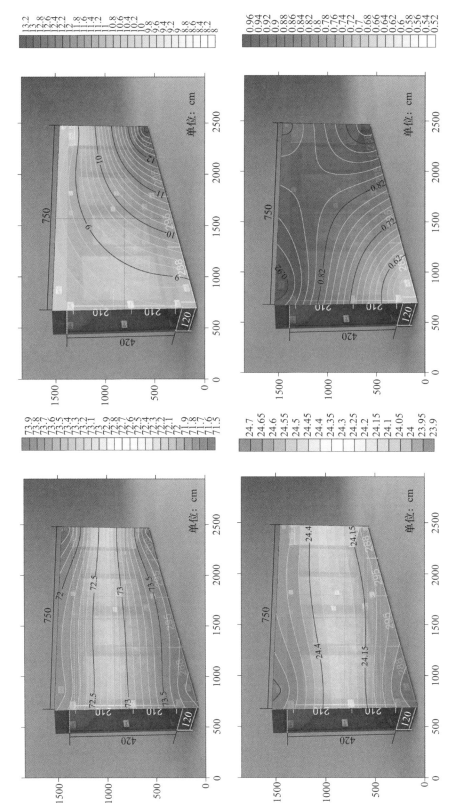

图 5-43　仪卫图展柜外 2016 年第三季度温湿度（平均值）及其平均日波动空间分布（湿度：%；温度：℃）

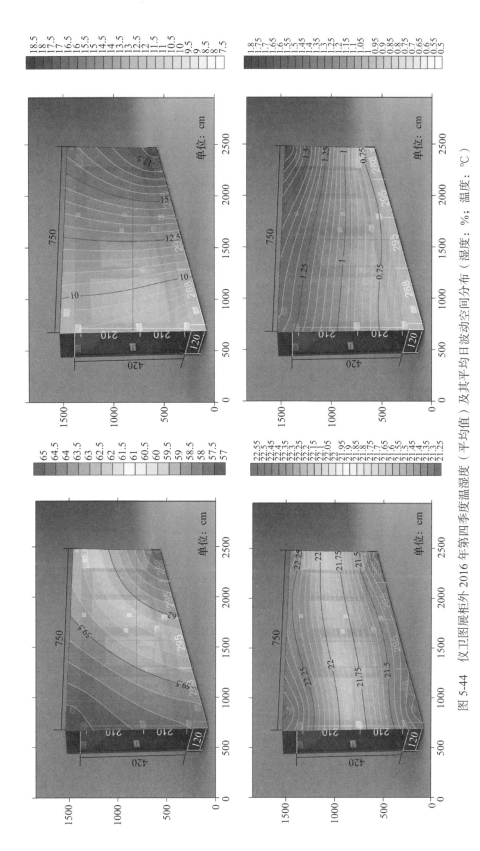

图 5-44 仪卫图展柜外 2016 年第四季度温湿度（平均值）及其平均日波动空间分布（湿度：%；温度：℃）

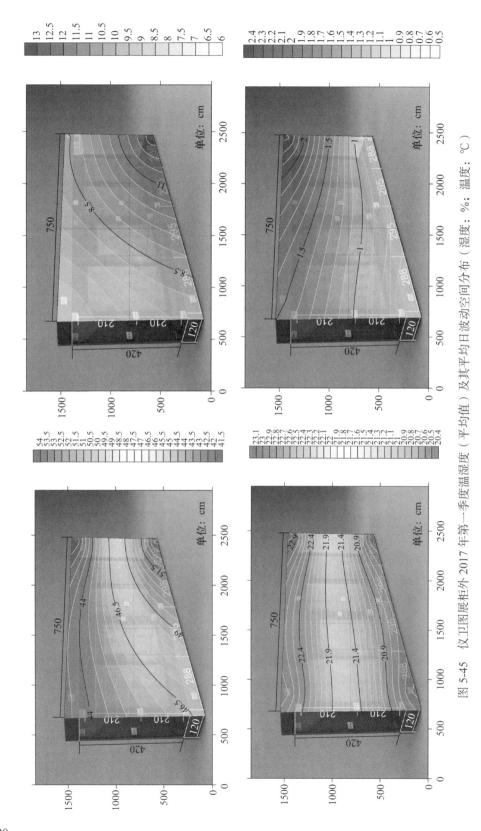

图 5-45 仪卫图展柜外 2017 年第一季度温湿度（平均值）及其平均日波动空间分布（湿度：%；温度：℃）

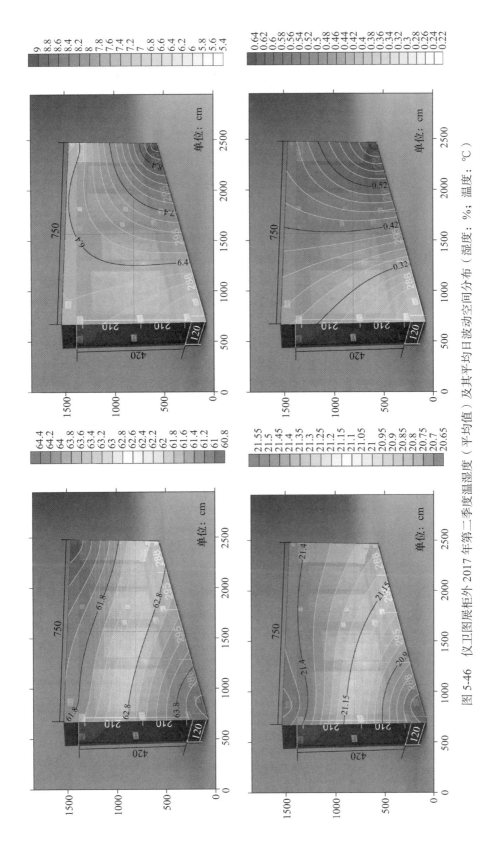

图 5-46 仪卫图展柜外 2017 年第二季度温湿度（平均值）及其平均日波动空间分布（湿度：%；温度：℃）

121

仪卫图壁画展柜内外层的场图显示：2016 年第三季度外层中下部湿度相对较小，为 63.4%～65%，左侧、右侧都相对较湿，为 65.8%～67%；温度下层中部较高，为 24.9～25.05℃，左下角是温度最低的地方，为 24.4℃。温湿度日波动均是右侧中部最高。2016 年第四季度外层大部分面积湿度相对较小，为 58.2%～60.4%，左下角和右下角相对较湿，为 61%～62.6%；湿度较小的地方温度较高，为 22.1～22.9℃，左下角是温度最低的地方，为 21.7～22.1℃。温湿度日波动均是上层大于下层。2017 年第一季度外层大部分面积湿度相对较小，为 46.4%～49%，左下角和右下角相对较湿，约 51.6%；温度普遍较高，为 21.8～22.9℃，左下角是温度最低的地方，约 21.1℃。温湿度日波动均以左上角和右上角最大。2017 年第二季度外层左下角湿度较高，为 60.1%～61%，中间区域湿度相对较低，为 58.8%～59.7%；下部中间区域温度较高，为 21.58～21.72℃，左下角是温度最低的地方，约 21.32℃。温湿度日波动均是右侧较大。

　　仪卫图壁画展柜外的场图显示：2016 年第三季度展柜外上层湿度相对较小，为 71.5%～72.5%，下层湿度较高，为 73%～73.9%；温度分上中下三层，由上到下温度越来越低，上下层相差约 1℃。湿度日波动以右下角最大，温度日波动以左上角和右下角最大。2016 年第四季度展柜外右下角湿度相对较大，为 65% 左右，以右下角为中心向外辐射，湿度基本呈越来越小的趋势，为 57%～64.5%；温度由上到下呈降低趋势，上下层相差 1.3℃左右。湿度日波动右下角最大，温度日波动右上角最大。2017 年第一季度展柜外右下角湿度相对较大，为 54% 左右，以右下角为中心向外辐射，湿度基本呈越来越小的趋势，为 41.5%～49%；温度由上到下呈降低趋势，上下层相差 3℃左右。湿度日波动以右下角最大，温度日波动以右上角最大。2017 年第二季度展柜外左下角湿度相对较高，为 63.2%～64.4%，以左下角为中心向外辐射，湿度基本呈越来越低的趋势，右上角湿度最低，为 60.8%～62%；温度左上角较高，为 21.2～21.55℃，左下角最低，为 20.65℃。温湿度日波动右下角最大。

　　2016 年 11 月之后，湿度先降低后升高，2016 年 11 月～2017 年 2 月各监测点湿度差异较其他时间更大。展柜外湿度波动很大。平均湿度：展柜外＞内侧＞外侧。湿度最高值：展柜外＞外侧＞内侧，湿度最低值：内侧＞外侧＞展柜外，波动值：展柜外＞外侧＞内侧。湿度日波动：展柜外＞内侧＞外侧（图 5-47～图 5-49）。

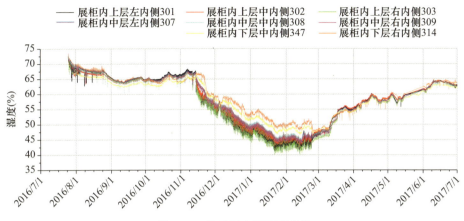

图 5-47　仪卫图内侧湿度对比

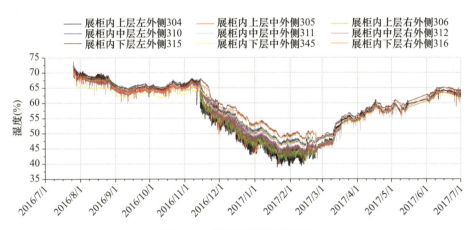

图 5-48　仪卫图外侧湿度对比

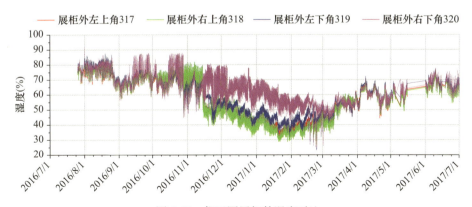

图 5-49　仪卫图展柜外湿度对比

2016 年 12 月~2017 年 2 月，各监测点温度差异较大，温度日波动也较大。内侧和外侧的温度均是上层右侧（303 和 306）较高且日波动最大。展柜外右上角 318 日波动明显较大。平均温度：外侧＞内侧＞展柜外。温度最大值：内侧＝外侧＜展柜外，温度最小值：外侧＞内侧＞展柜外，波动值：展柜外＞内侧＞外侧。温度日波动：展柜外＞内侧＞外侧（图 5-50～图 5-52）。

  上中下层各监测点湿度差异基本在 5% 左右。平均湿度：上层＜中层＜下层。湿度最高值：上层＜中层＜下层，湿度最低值：上层＜中层＜下层，波动值：上层＞中层＞下层。湿度日波动：上层＞中层＞下层（图 5-53～图 5-55）。

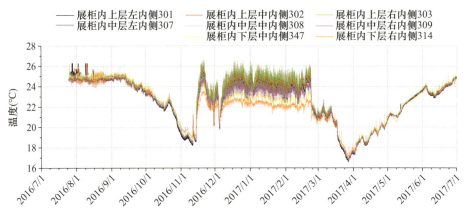

图 5-50　仪卫图内侧温度对比

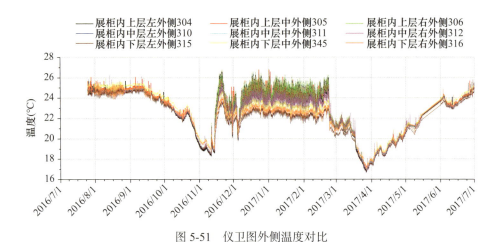

图 5-51　仪卫图外侧温度对比

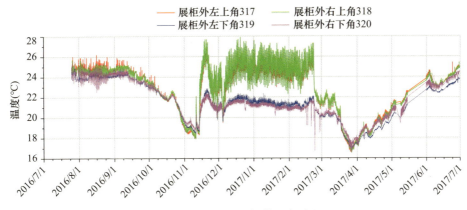

图 5-52 仪卫图展柜外温度对比

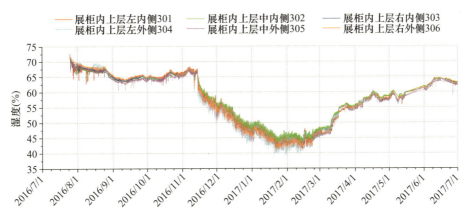

图 5-53 仪卫图展柜内上层湿度对比

图 5-54 仪卫图展柜内中层湿度对比

图 5-55　仪卫图展柜内下层湿度对比

上层右外侧 306 温度日波动在 2016 年 12 月～2017 年 2 月相对较大。平均温度：上层＞中层＞下层。温度最大值：上层＞中层＞下层，温度最小值：上层＜中层＜下层，波动值：上层＞中层＞下层。温度日波动：上层＞中层＞下层（图 5-56～图 5-58）。

2016 年 11 月之前湿度平稳，之后湿度先降低再升高。2016 年 11 月～2017 年 2 月各监测点湿度差异较其他时间更大。左侧和中侧湿度均是上层外侧相对较低（304、305）。平均湿度：左侧＞右侧＞中侧。湿度最高值：左侧＞右侧＞中侧，湿度最低值：左侧＜中侧＜右侧，波动值：左侧＞右侧＞中侧。湿度日波动：右侧＞左侧＞中侧（图 5-59～图 5-61）。

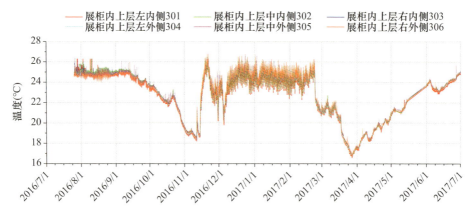

图 5-56　仪卫图展柜内上层温度对比

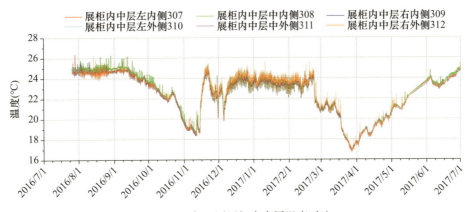

图 5-57 仪卫图展柜内中层温度对比

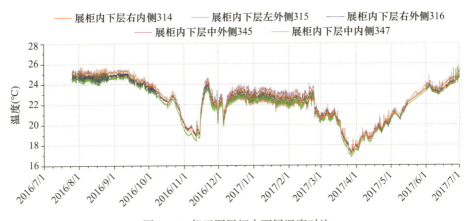

图 5-58 仪卫图展柜内下层温度对比

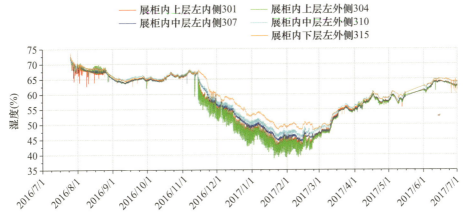

图 5-59 仪卫图展柜内左侧湿度对比

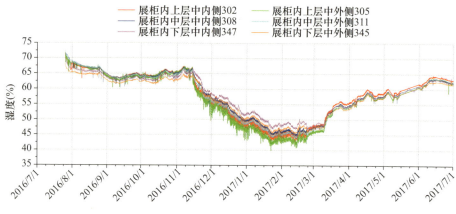

图 5-60　仪卫图展柜内中侧湿度对比

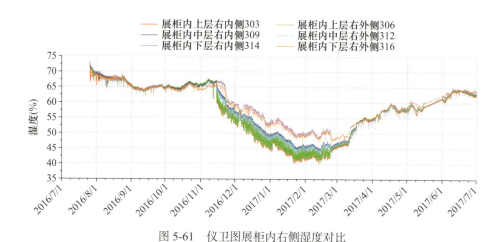

图 5-61　仪卫图展柜内右侧湿度对比

　　2016 年 12 月～2017 年 2 月温度日波动较大，左侧和中侧温度均是上层外侧相对较高（304、305）。平均温度：左侧＜右侧＜中侧。温度最大值：左侧＜中侧＝右侧，温度最小值：左侧＜中侧＝右侧，波动值：左侧＜中侧＝右侧。温度日波动：右侧＞左侧＞中侧（图 5-62～图 5-64）。

图 5-62　仪卫图展柜内左侧温度对比

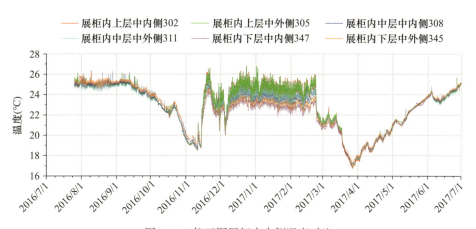

图 5-63　仪卫图展柜内中侧温度对比

图 5-64　仪卫图展柜内右侧温度对比

5.1.3　宫女图

2016 年 7 月到 2018 年 9 月，宫女图壁画温湿度变化情况如图 5-65 所示，展柜内外温湿度的波动趋势基本一致，展柜内温湿度波动明显小于展柜外，温湿度在冬季供暖、夏季制冷时期日波动明显增大。温湿度均呈现夏季高、冬季低的趋势，2016 年 11 月到 2017 年 3 月温度受空调供暖影响出现供暖前后最低、供暖季温度大幅度上升的现象，但湿度并未受空调供暖影响出现降低，而是保持在一个较高水平，且远高于展柜外，应是受展柜内恒温恒湿系统影响所致。2017 年 11 月至 2018 年 3 月，由于外界气温影响大于空调供暖影响，因此虽出现供暖后温度上升，但整体仍然呈现下降的趋势，间接导致湿度的升高。

图 5-65　宫女图展柜内外温湿度

2016 年 7 月到 2018 年 9 月，宫女图每月展柜内外平均湿度及波动范围对比情况如图 5-66 所示，平均湿度均呈现冬季低、夏季高的趋势，但 2016 年冬季并未受空调供暖影响出现降低的现象，而是保持在一个较高水平，且远高于展柜外，应是受展柜内恒温恒湿系统影响所致。在夏季制冷时期，展柜内湿度低于展柜外，冬季供暖时期展柜内高于展柜外，2016 年冬季展柜内外的湿度差大于 2017 年同一时期。而每月的湿度波动范围展柜内明显小于展柜外，呈现夏季波动范围小、冬季波动范围大的趋势。

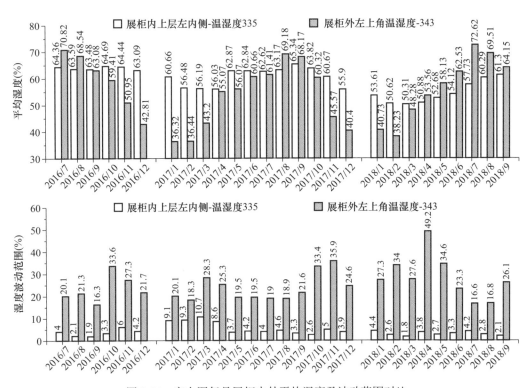

图 5-66 宫女图每月展柜内外平均湿度及波动范围对比

2016 年 7 月到 2018 年 9 月，宫女图每月展柜内外平均温度及波动范围对比情况如图 5-67 所示，平均温度均呈冬季低、夏季高的趋势，但在冬季供暖时期出现供暖期温度突增、供暖前后温度低于供暖时的现象。展柜内外温度基本一致，每月的温度波动范围展柜内外相差较小，呈现夏季波动范围小、冬季波动范围大的趋势。

宫女图壁画 2016 年第三季度至 2017 年第二季度的温湿度（平均值）及其平均日波动生成的空间分布图如图 5-68～图 5-75 所示，其中左上为湿度空间分布，右上为湿度平均日波动空间分布，左下为温度空间分布，右下为温度平均日波动

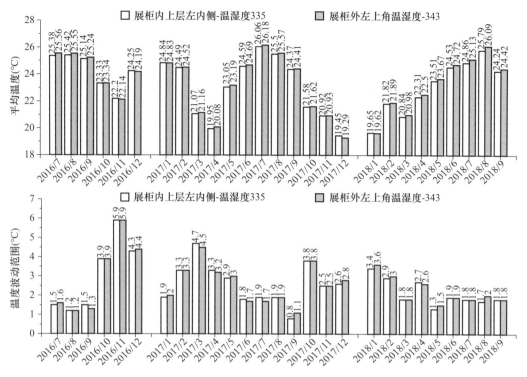

图 5-67　宫女图每月展柜内外平均温度及波动范围对比

空间分布。由图可以明显看到较湿区域、较干区域、高温区、低温区，以及温湿度平均日波动较大的区域。

宫女图壁画展柜内内层的场图显示：2016 年第三季度内层大部分面积湿度相对较小，为 63.1%～64.4%，左下角相对较湿，为 64.5%～65.6%；湿度较小的地方温度较高，为 25.1～25.5℃，左下角是温度最低的地方，为 24.85℃。湿度日波动右上角最大，温度日波动右下角最大。2016 年第四季度内层大部分面积湿度相对较小，为 63.4%～64.5%，左下角相对较湿，为 65%～66%；湿度较小的地方温度较高，为 23.1～23.5℃，左下角是温度最低的地方，为 22.8～21℃。湿度日波动以右上角最大，温度日波动以左侧最大。2017 年第一季度内层大部分面积湿度相对较小，为 57.8%～58.8%，左下角相对较湿，为 59%～59.7%；温度普遍较高，为 23.2～23.52℃，左下角是温度最低的地方，为 23.02℃。湿度日波动右侧较大，温度日波动左侧较大。2017 年第二季度内层大部分面积湿度相对较小，为 59.6%～60.6%，左下角相对较湿，为 60.7%～61.5%；温度右上角较高，为 22.22～22.42℃，左下角是温度最低的地方，为 21.86℃。温湿度日波动

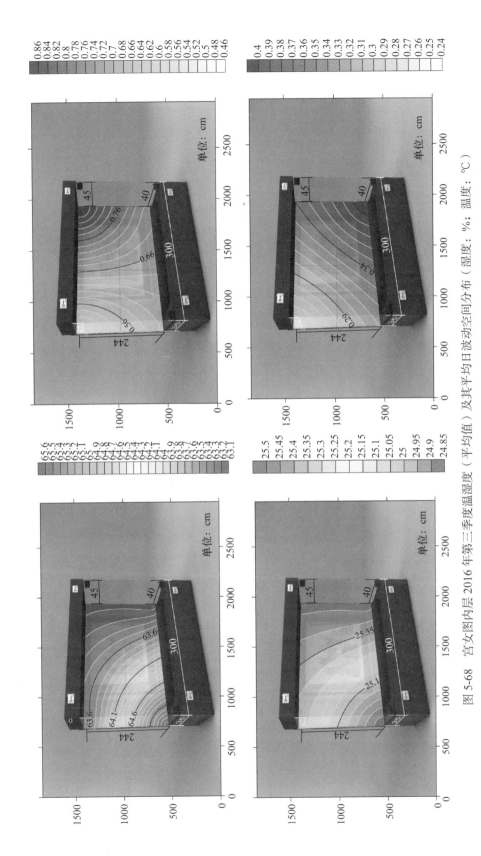

图 5-68 宫女图内层 2016 年第三季度温湿度（平均值）及其平均日波动空间分布（湿度：%；温度：℃）

133

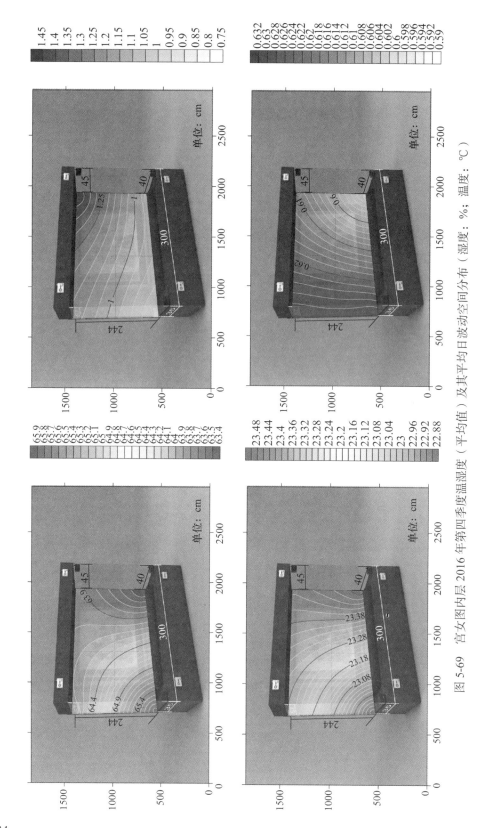

图 5-69 宫女图内层 2016 年第四季度温湿度（平均值）及其平均日波动空间分布（湿度：%；温度：℃）

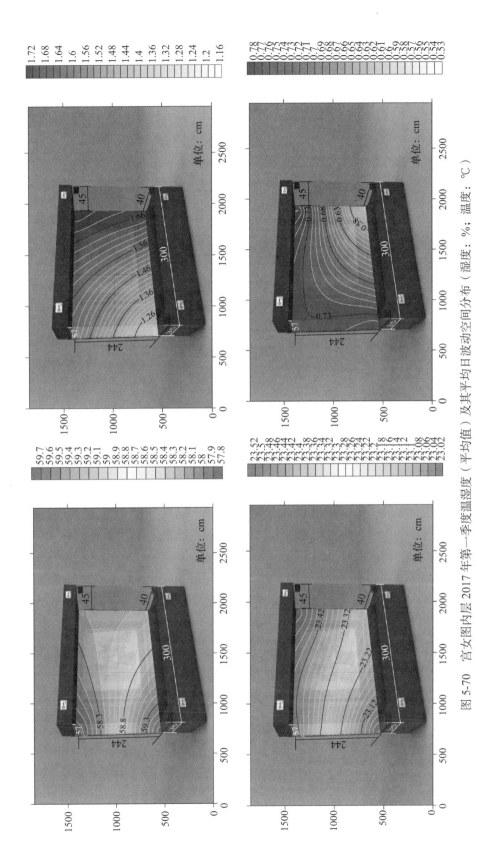

图 5-70　宫女图内层 2017 年第一季度温度温湿度（平均值）及其平均日波动空间分布（湿度：%；温度：℃）

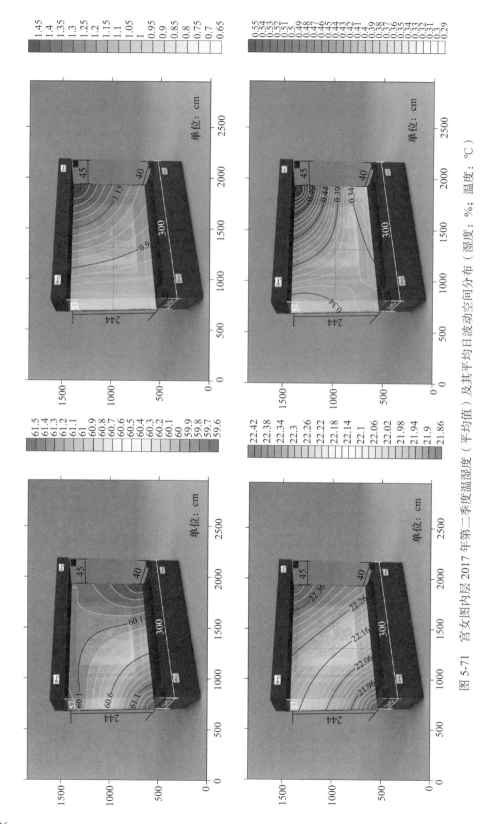

图 5-71 '宫女图'内层 2017 年第二季度温湿度（平均值）及其平均日波动空间分布（湿度：%；温度：℃）

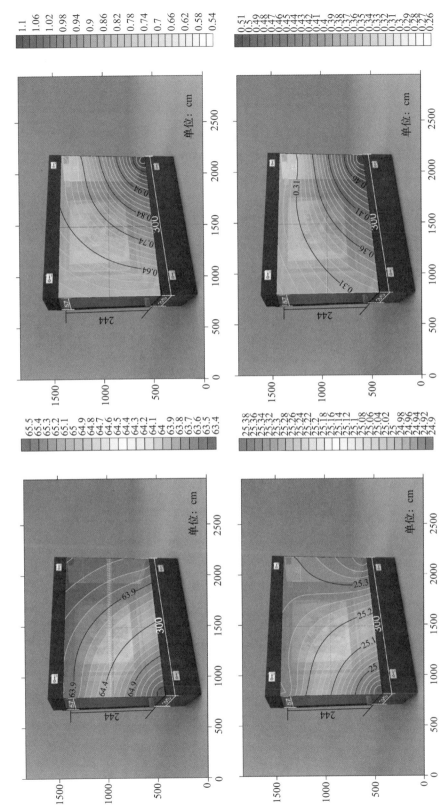

图 5-72　宫女图外层 2016 年第三季度温湿度（平均值）及其平均日波动空间分布（湿度：%；温度：℃）

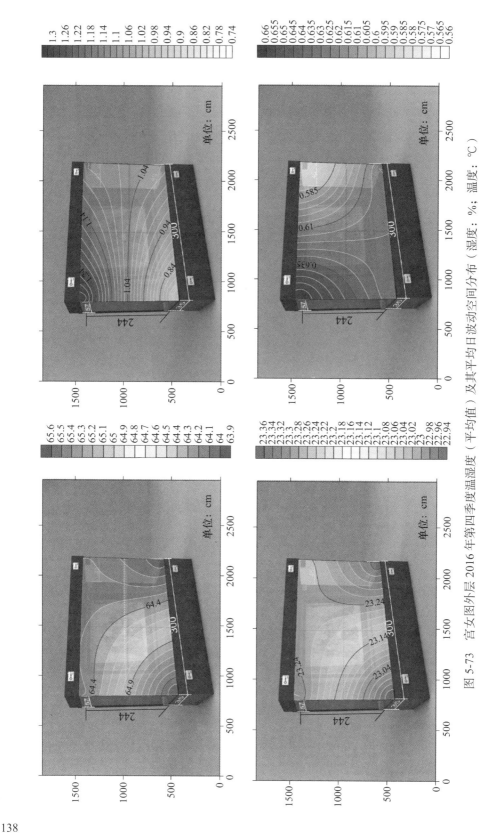

图 5-73 '宫女图'外层 2016 年第四季度温湿度（平均值）及其平均日波动空间分布（湿度：%；温度：℃）

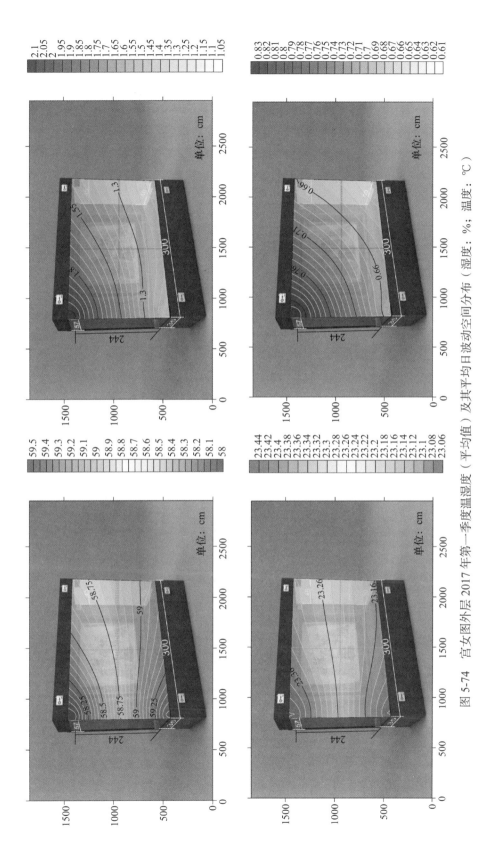

图 5-74 宫女图外层 2017 年第一季度温湿度（平均值）及其平均日波动空间分布（湿度：%；温度：℃）

139

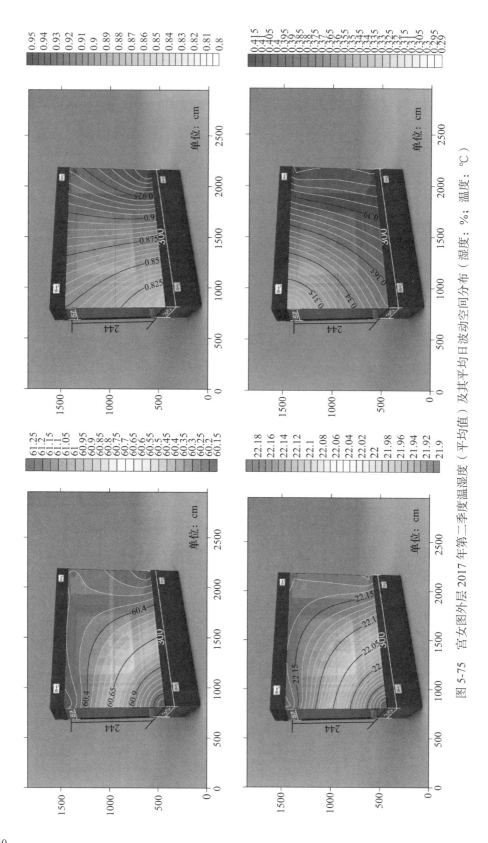

图 5-75 营女图外层 2017 年第二季度温湿度（平均值）及其平均日波动空间分布（湿度：%；温度：℃）

140

均是右上角较大。

宫女图壁画展柜内外层的场图显示：2016年第三季度左下角湿度较湿，约65.5%，从左下角向外辐射越来越干，为63.4%～64.5%；温度左下角最低，为24.9～25℃，其他区域温度较高，为25.1～25.38℃。温湿度日波动均是右下角最大。2016年第四季度外层大部分面积湿度相对较小，为63.9%～64.9%，左下角相对较湿，为65%～65.6%；湿度较小的地方温度较高，为23.08～23.36℃，左下角是温度最低的地方，为22.88～23.08℃。温湿度日波动均是左上角最大。2017年第一季度外层上层湿度相对较小，为58%～58.8%，下层相对较湿，为58.8%～59.5%；温度也是上层较高，为23.2～23.44℃，下层温度较低，为23.06～23.2℃。温湿度日波动均是左上角最大。2017年第二季度外层大部分面积湿度相对较小，为60.15%～60.7%，左下角相对较湿，为60.75%～61.25%；温度普遍较高，为22.08～22.18℃，左下角是温度最低的地方，为21.9℃。温湿度日波动均是右侧较大。

2016年下半年湿度保持平稳，2017年上半年湿度有所波动。总体内侧湿度稍低于外侧湿度。平均湿度：外侧＞内侧＞展柜外。湿度最高值：展柜外＞外侧＞内侧，湿度最低值：外侧＞内侧＞展柜外，波动值：展柜外＞内侧＞外侧。湿度日波动：展柜外＞内侧＞外侧（图5-76～图5-78）。

本时段温度在2016年11月中旬和2017年3月底有低值，2016年12月至2017年2月温度日波动稍大于其他时间。平均温度：展柜外＞内侧＞外侧。温度最大值：内侧＞外侧＞展柜外，温度最小值：外侧＞内侧＝展柜外，波动值：内侧＞外侧＞展柜外。温度日波动：展柜外＞内侧＞外侧（图5-79～图5-81）。

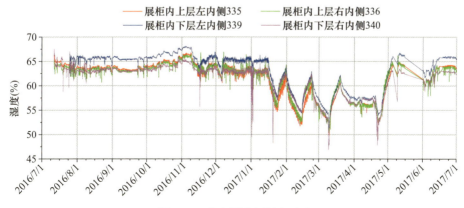

图5-76　宫女图内侧湿度对比

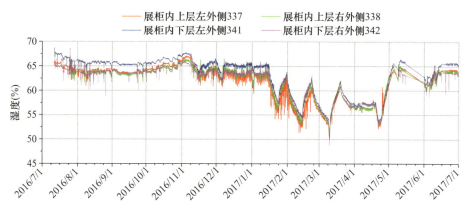

图 5-77　宫女图外侧湿度对比

图 5-78　宫女图展柜外湿度对比

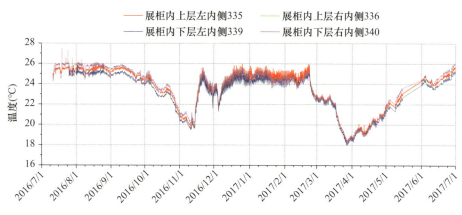

图 5-79　宫女图内侧温度对比

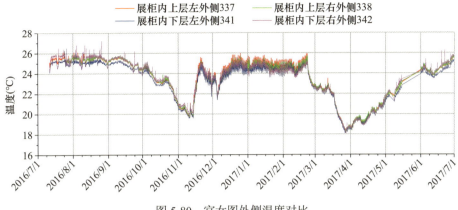

图 5-80　宫女图外侧温度对比

图 5-81　宫女图展柜外温度对比

2016 年下半年湿度总体平稳，波动值较小，2017 年上半年波动较大。展柜内下层湿度内外侧差别较为明显。平均湿度：上层＜下层。湿度最高值：上层＜下层，湿度最低值：上层＞下层，波动值：上层＜下层。湿度日波动：上层＞下层（图 5-82、图 5-83）。

2016 年 11 月中旬和 2017 年 3 月底温度出现拐点低值，平均温度：上层＞下层。温度最大值：上层＜下层，温度最小值：上层＞下层，波动值：上层＜下层。温度日波动：上层＞下层（图 5-84、图 5-85）。

展柜内左侧湿度上下层差异稍大，下层湿度高于上层。展柜内右侧湿度各监测点没有明显差异，340 波动值最大。平均湿度：左侧＞右侧。湿度最高值：左侧＞右侧，湿度最低值：左侧＞右侧，波动值：左侧＜右侧。湿度日波动：左侧＜右侧（图 5-86、图 5-87）。

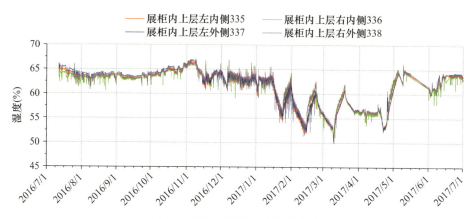

图 5-82　宫女图展柜内上层湿度对比

图 5-83　宫女图展柜内下层湿度对比

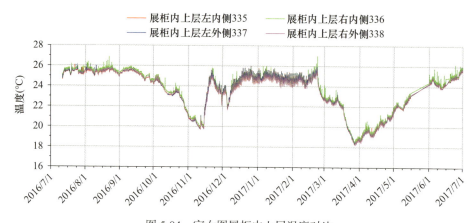

图 5-84　宫女图展柜内上层温度对比

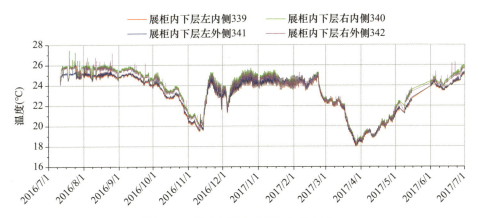

图 5-85 宫女图展柜内下层温度对比

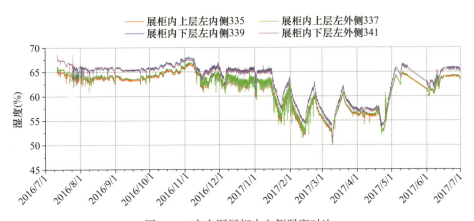

图 5-86 宫女图展柜内左侧湿度对比

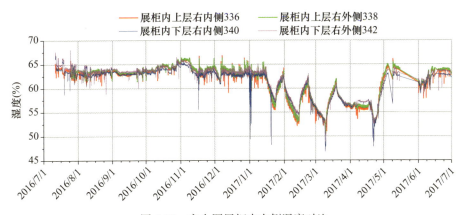

图 5-87 宫女图展柜内右侧湿度对比

展柜内左侧温度 337 稍高。平均温度：左侧＜右侧。温度最大值：左侧＜右侧，温度最小值：左侧＜右侧，波动值：左侧＜右侧。温度日波动：左侧＜右侧（图 5-88、图 5-89）。

图 5-88　宫女图展柜内左侧温度对比

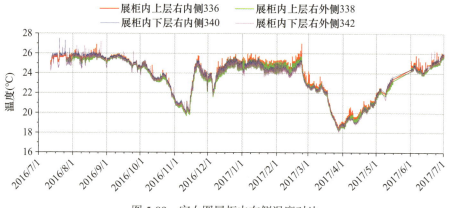

图 5-89　宫女图展柜内右侧温度对比

5.2　光照度与紫外线强度

5.2.1　白虎图

白虎图壁画光照度基本保持在 50lx 以下，符合壁画的光照推荐值（光照 ≤50lx），有利壁画的长期保存，但 2017 年 8 月至 11 月光照达到 80lx，应引起注意。紫外线强度保持在 $0.2\mu W/cm^2 \sim 0.4\mu W/cm^2$，超出壁画的紫外推荐值（紫外线强度≤0.1μW/cm²），建议对灯光进行检查（图 5-90）。

2017 年春节前后，白虎图光照情况如图 5-91 所示，壁画馆展柜内使用感应式照明，有人靠近展柜时展柜内灯光开启，文物受到的光照接近 43lx，离开时展柜内灯光关闭，只靠展柜外灯源照明，文物受到的光照接近 6lx，这样可以减

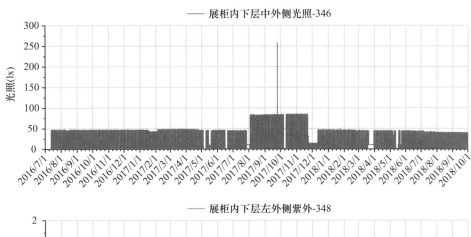

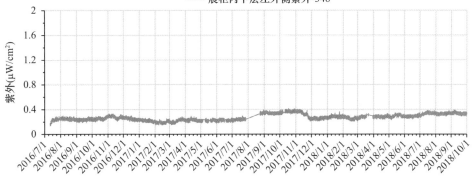

图 5-90　白虎图光照度与紫外线强度

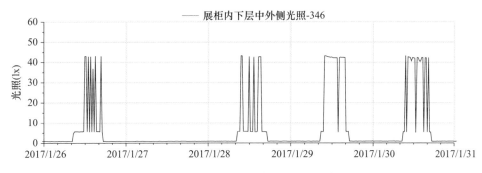

图 5-91　白虎图 2017 年春节前后光照情况

少文物受到的累积光照，减轻光照对壁画的影响。2017 年 1 月 27 日（除夕）博物馆闭馆，光照接近于 0，1 月 28 日（初一）至 2 月 2 日（初六）博物馆正常开放，29 日游客较多，展柜内灯光始终开启，基本保持在 10lx；26 日、28 日、31 日参观的游客较少，展柜内灯光时常关闭，光照降低至 6lx。

2016～2018 年白虎图各月累积光照如图 5-92 所示，由图可以看出，每年暑假时累积光照明显增加，应是暑假游客增多，壁画馆展柜内灯光长期打开所致。2016 年 7～12 月累积光照 56985.09（lx·h），2017 年全年累积光照 188896.02

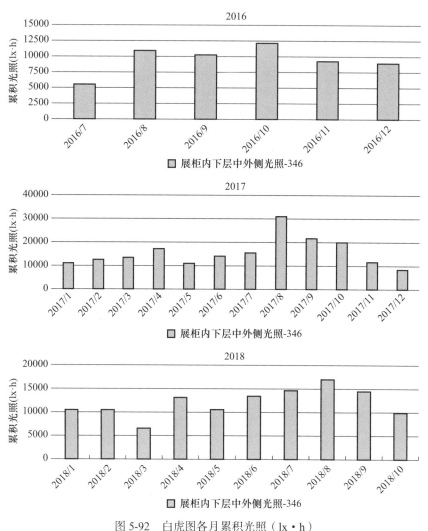

图 5-92　白虎图各月累积光照（lx·h）

（lx·h），2018 年 1～9 月累积光照 121190.99（lx·h），均超出壁画累积光照不超过 50000（lx·h）/年的要求，长期如此会加剧壁画画面褪色和变色，不利于壁画的保存。

5.2.2 仪卫图

仪卫图壁画光照度基本保持在 10lx 以下，2018 年 8 月以后光照略微上升，达到 11lx，光照较低，符合壁画的光照推荐值（光照≤50lx），有利于壁画长期保存。2016 年紫外线强度接近 3μW/cm²，紫外线强度较高，超出壁画的紫外推荐值（紫外线强度<0.1μW/cm²），2017 年 12 月以后接近 0，符合壁画的紫外推荐值（图 5-93）。

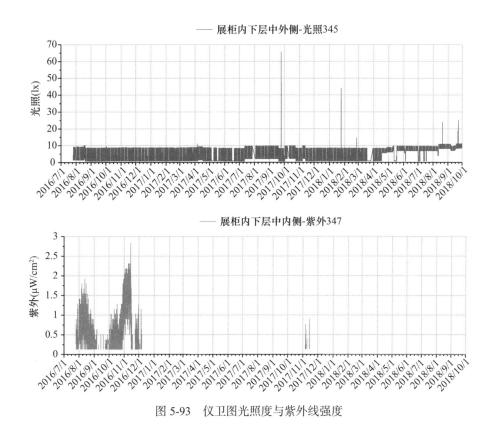

图 5-93 仪卫图光照度与紫外线强度

仪卫图在 2016 年、2017 年国庆前后光照的变化情况如图 5-94 所示，壁画馆展柜内使用感应式照明，有人靠近展柜时展柜内灯光开启，文物受到的光照为

10lx 左右，离开时展柜内灯光关闭，只靠展柜外灯源照明，文物受到的光照接近4lx，这样可以减少文物受到的累积光照，减轻光照对壁画的影响。由图可以看出国庆前参观的游客较少，展柜内灯光时常关闭，光照降低至4lx；国庆节假日时游客较多，展柜内灯光始终开启，基本保持在 10lx。

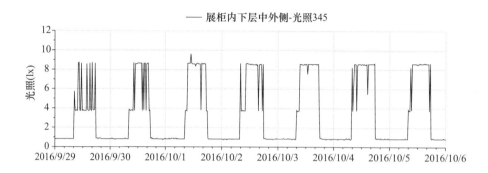

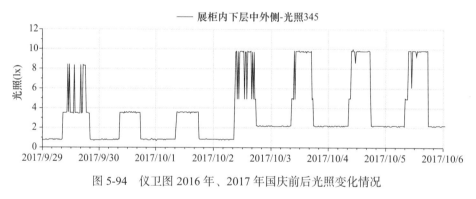

图 5-94　仪卫图 2016 年、2017 年国庆前后光照变化情况

　　2016～2018 年仪卫图各月累积光照如图 5-95 所示，由图可以看出每年暑假时累积光照明显增加，应是暑假游客增多，壁画馆展柜内灯光长期打开所致。由于《国家宝藏》综艺节目的热播，2018 年参观壁画馆仪卫图的游客明显增加，尤其暑假期间游客增多导致每月的累积光照明显增加。2016 年 7～12 月累积光照 18601.67（lx·h），2017 年全年累积光照 57092.95（lx·h），2018 年 1～9 月累积光照 80474.77（lx·h），均超出壁画累积光照不超过 50000（lx·h）/ 年的要求，长期如此会加剧壁画画面褪色和变色，不利于壁画的保存。

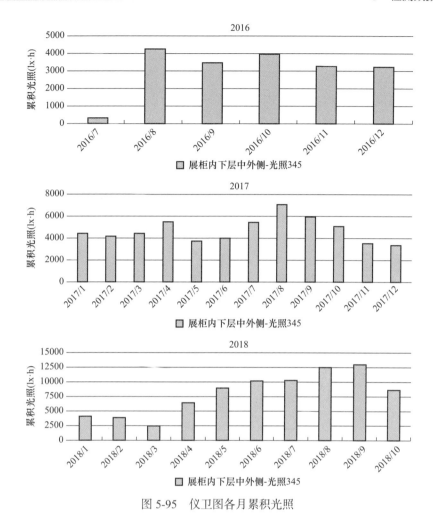

图 5-95　仪卫图各月累积光照

5.3　二　氧　化　碳

白虎图二氧化碳变化情况如图 5-96 所示，展柜内二氧化碳来源于展柜外，因此展柜内二氧化碳与展柜外变化趋势一致，且含量低于展柜外。五一、国庆、春节等节假日时，二氧化碳含量明显上升，超过 1000ppm 的标准。由于《国家宝藏》综艺节目的热播，2018 年参观壁画馆仪卫图的游客明显增加，尤其暑假期间，游客增多导致展厅内二氧化碳超过 2500ppm。二氧化碳含量超过 1000ppm，容易引起头痛、疲倦，眼睛、喉咙疼痛等现象，二氧化碳浓度达到 1500～2000ppm 时，空气属于轻度污染，超过 2000ppm 则属于严重污染了。若人体长期吸入浓度过高的二氧化碳，会造成人体生物钟紊乱，因为二氧化碳浓度高时能抑制呼吸中枢，浓度特别高时对呼吸中枢还有麻痹作用。长此以往，人们会有气血虚弱、低血脂等症状，且很容易感到大脑疲劳，严重影响人们的生活。高浓度的二氧化碳不仅对文物有害，而且严重影响到游客的健康，建议在二氧化碳含量较高时限制展厅内人流，对游客进行疏导。

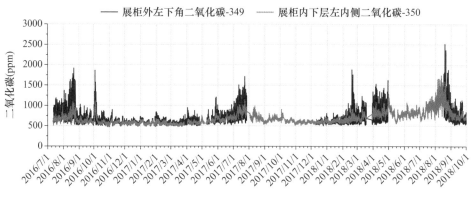

图 5-96　白虎图二氧化碳变化情况

5.4　有机挥发物

白虎图有机挥发物（VOC）变化情况如图 5-97 所示，展柜外有机挥发物基本保持在 500ppb 左右，展柜内有机挥发物呈下降趋势，从近 1000ppb 降低至 500ppb，但仍超出 300ppb 的标准。

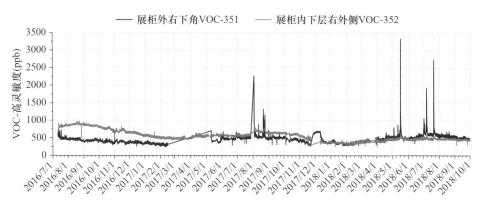

图 5-97　白虎图有机挥发物变化情况

2018 年以前展柜内有机挥发物高于展柜外，2018 年之后展柜内低于展柜外，且展柜内有机挥发物呈下降趋势，因此推测展柜内有机挥发物污染来源于展柜内。居室内 VOC 的含量高会对人们的视觉和听觉等感官神经造成损害，长期处于这类环境中甚至会引起神经质或忧郁症，其中的甲醛能够刺激人的咽部和肺部，引起呼吸困难、头疼、胸闷，甚至引发肺气肿等。当居室中的 VOC 达到一定浓度时，短时间内人们会感到头痛、恶心、呕吐、乏力等，严重时会出现抽搐、昏迷，并会伤害到人的肝脏、肾脏、大脑和神经系统，造成记忆力减退等严重后果。展柜外 VOC 主要来自建筑、装饰材料、室外污染以及人为带入的污染源，展柜内 VOC 主要来自建筑、装饰材料以及修复加固壁画时使用的试剂、材料等，建议加强壁画馆及展柜内通风，降低污染程度。

5.5　小　　结

5.5.1　白虎图

温湿度：2016 年 7 月到 2018 年 9 月，白虎图展柜内外温湿度均呈现夏季高、冬季低的趋势，温湿度的波动趋势基本一致，展柜内温湿度波动明显小于展柜外，呈现夏季波动范围小、冬季波动范围大的趋势。温湿度在冬季供暖、夏季制冷时期日波动明显增大，夏季制冷时期展柜内平均湿度低于展柜外，冬季供暖时期展柜内平均湿度高于展柜外。2016 年夏季展柜内外的湿度差大于 2017 年、2018 年同一时期。2016 年 11 月到 2017 年 3 月，温度受空调供暖影响出现供暖前后最低、供暖期温度上升的现象，2017 年 11 月至 2018 年 3 月，由于外界气温影响大于空调供暖影响，因此虽出现供暖后温度上升，但整体仍然呈现下降的趋势，间接导致湿度的升高。而 2017 年 11 月 22 日、23 日由于展柜内恒温恒湿系统调节温湿度造成温湿度突变，展柜内的湿度波动范围明显增大。白虎图展柜内内侧和外侧湿度差异很小，波动值相差不到 1%。湿度上层和中层差异很小，波动值相差仅 0.1%，下层波动值更大且湿度最低值更低。湿度右侧相比左侧和中侧波动值较小，最低值更高。波动值左侧>中侧>右侧，左侧和中侧湿度波动值相差 2.4%，中侧和右侧波动值相差 2.7%。温度内侧最高值比外侧更高，但平均值较低。上层温度波动值相比中层和下层更大，与中层波动值相差 1.8℃，中层和下层波动值相差很小，为 0.2℃。左侧温度波动值比中侧、右侧更大，相差

2.1℃，中侧和右侧波动值相同。

光照紫外：白虎图壁画光照度基本保持在 50lx 以下，符合壁画的光照推荐值（光照≤50lx），有利壁画的长期保存，但 2017 年 8～11 月光照达到 80lx，应引起注意。紫外线强度保持在 0.2μW/cm² ～0.4μW/cm²，超出壁画的紫外推荐值（紫外线强度≤0.1μW/cm²）。壁画馆展柜内使用感应式照明，有人靠近展柜时展柜内灯光开启，文物受到的光照接近 43lx，离开时展柜内灯光关闭，只靠展柜外灯源照明，文物受到的光照接近 6lx。2016～2018 年每年暑假时累积光照明显增加，应是暑假游客增多，壁画馆展柜内灯光长期打开所致。2016 年 7～12 月累积光照 56985.09（lx·h），2017 年全年累积光照 188896.02（lx·h），2018 年 1～9 月累积光照 121190.99（lx·h），均超出壁画累积光照不超过 50000（lx·h）/年的要求。

二氧化碳：白虎图展柜内二氧化碳来源于展柜外，因此展柜内二氧化碳与展柜外变化趋势一致，且含量低于展柜外。五一、国庆、春节等节假日时，二氧化碳含量明显上升，超过 1000ppm 的标准。由于《国家宝藏》综艺节目的热播，2018 年参观壁画馆仪卫图的游客明显增加，尤其暑假期间游客增多导致展厅内二氧化碳超过 2500ppm。

有机挥发物：白虎图展柜外有机挥发物基本保持在 500ppb 左右，展柜内有机挥发物呈下降趋势，从近 1000ppb 降低至 500ppb，但仍超出 300ppb 的标准。2018 年以前展柜内有机挥发物高于展柜外，2018 年之后展柜内低于展柜外，且展柜内有机挥发物呈下降趋势，因此推测展柜内有机挥发物污染来源于展柜内。

5.5.2 仪卫图

温湿度：2016 年 7 月到 2018 年 9 月，仪卫图展柜内外温湿度的波动趋势基本一致，温湿度均呈现夏季高、冬季低的趋势，冬季供暖时期出现供暖期温度突增、供暖前后温度低于供暖时的现象。平均湿度在夏季制冷时期展柜内低于展柜外，冬季供暖时期展柜内高于展柜外。展柜内外温度基本一致，展柜内波动范围略小于展柜外。展柜内温湿度波动明显小于展柜外，温湿度在冬季供暖、夏季制冷时期日波动明显增大，呈现夏季波动范围小、冬季波动范围大的趋势。2016 年 11 月到 2017 年 3 月，温度受空调供暖影响出现供暖前后最低、供暖季大幅度上升的现象，2017 年 11 月至 2018 年 3 月，由于外界气温影响大于空调供暖影响，因此虽出现供暖后温度上升，但整体仍然呈现下降的趋势，间接导致湿度的升高。仪卫图展柜内侧和外侧温湿度差异均较小，内侧湿度波动值低于外侧1.6%，内侧温度波动值高于外侧0.1℃。湿度平均值、最高值和最低值均是上层＜中层＜下层，温度最高值和波动值均是上层＞中层＞下层。左中右侧湿度差异不大，左侧波动值最高，中侧波动值最小，两者波动值相差2.3%。左中右侧温度差异很小，基本一致。

光照紫外：仪卫图壁画光照度基本保持在10lx以下，2018年8月以后光照略微上升，达到11lx，光照较低，符合壁画的光照推荐值（光照≤50lx），有利于壁画的长期保存。2016年紫外线强度接近3μW/cm²，紫外线强度较高，超出壁画的紫外推荐值（紫外线强度＜0.1μW/cm²），2017年12月以后接近0，符合壁画的紫外推荐值。2016～2018年仪卫图每年暑假时累积光照明显增加，应是暑假游客增多，壁画馆展柜内灯光长期打开所致。由于《国家宝藏》综艺节目的热播，2018年参观壁画馆仪卫图的游客明显增加，尤其暑假期间游客增多导致每月的累积光照明显增加。2016年7～12月累积光照18601.67（lx·h），2017年全年累积光照57092.95（lx·h），2018年1～9月累积光照80474.77（lx·h），均超出壁画累积光照不超过50000（lx·h）/年的要求。

5.5.3　宫女图

温湿度：2016年7月到2018年9月，宫女图展柜内外温湿度的波动趋势基本一致，温湿度均呈现夏季高、冬季低的趋势。平均湿度在夏季制冷时期展柜内低于展柜外，冬季供暖时期展柜内高于展柜外，2016年冬季展柜内外的湿度差大于2017年同一时期。展柜内外温度基本一致，每月的温度波动范围展柜内外相差较小，平均温度在冬季供暖时期出现供暖期温度突增、供暖前后温度低于供暖时的现象。展柜内温湿度波动明显小于展柜外，温湿度在冬季供暖、夏季制冷时期日波动明显增大，每月的湿度波动范围呈现夏季波动范围小、冬季波动范围大的趋势。2016年冬季，平均湿度并未受空调供暖影响出现降低的现象，而是保持在一个较高水平，且远高于展柜外，应是受展柜内恒温恒湿系统影响所致。2016年11月到2017年3月，温度受空调供暖影响出现供暖前后最低、供暖季大幅度上升的现象，但湿度并未受空调供暖影响出现降低，而是保持在一个较高水平，且远高于展柜外，应是受展柜内恒温恒湿系统影响所致。2017年11月至2018年3月，由于外界气温影响大于空调供暖影响，因此虽出现供暖后温度上升，但整体仍然呈现下降的趋势，间接导致湿度的升高。

针对以上问题，提出以下建议：

（1）白虎图、宫女图和仪卫图壁画展柜内湿度在夏季时基本在65%以上，仪卫图湿度最高值均超过70%，建议在此时段适当调低湿度控制值或放置调湿剂进行被动调控。宫女图的平均湿度接近60%，建议适当调低湿度控制值。白虎图、宫女图和仪卫图壁画温度最高均超出25℃，不符合文物保存温湿度标准（温度（18~22℃）±2℃，湿度（35%~65%）±5%），建议适当调低展厅空调温度。

（2）白虎图和仪卫图展柜内光照基本符合标准，累积光照均超出标准，建议减少壁画展陈时间。紫外含量均超标。白虎图超出标准，仪卫图紫外最高达2.82μW/cm²，建议更换无紫外线的照明设备，降低紫外线强度。

（3）白虎图展柜外二氧化碳在节假日时严重超标，建议在二氧化碳含量较高时限制展厅内人流，对游客进行疏导。

（4）白虎图VOC含量超标严重，建议加强壁画馆及展柜内通风，降低污染程度。

6 结　论

　　在漫长的历史发展过程中，人类创造的大量具有历史、艺术、科学价值的文化遗存能够保留至今的仅仅是其中极小的部分，从根本上讲，除了人为因素，文物寿命主要取决于两个方面，一方面是文物制成材料本身的耐久性、电磁稳定性、化学稳定性等，而这又取决于材料分子的化学组成成分与结构；另一方面是保存文物的外界环境，同样载体材料的文物，不同的保存环境使文物寿命有着很大的差异。自然因素对文物的影响主要是自然力对文物的破坏，包括各种自然灾害（如地震、火山爆发、地壳运动、洪水、台风、潮汐、地下水活动、雷击等）以及自然破坏（如气候变化、光线辐射、空气污染、生物危害等）对文物的毁灭性破坏。自然灾害属于灾难性，往往难以预防，自然破坏力量轻微、过程缓慢，但日积月累的效果也可达到惊人的程度。影响文物保存的环境因素很多，但归纳起来，最主要的有温度、湿度、光线、空气污染物、地质环境和有害微生物及有害昆虫等，预防性保护的研究和介入就是为了最大限度地延缓文物自然损毁、延长文物保存寿命。

　　中国绘画艺术在中国文化中占有重要地位，是传统人文精神的生动表现。墓葬被发掘之后，壁画与埋藏环境固有的平衡被打破，温湿度、二氧化碳浓度等因素突变，极易导致壁画劣化，材质的特性和时间的磨砺，使得这些珍贵的遗存逐渐损伤，而长期且耐久的保护措施就是预防性保护。

　　《陕西历史博物馆壁画大型展柜柜内微环境场分布研究》针对大型展柜柜内微环境的监测现状及研究方向，选取三幅具有代表性和极高历史、科学、艺术价值的壁画展柜，采用现代无线通信技术、微传感器技术和基于特征点匹配的裂隙持续和实时监测方法等信息技术，对壁画馆大型展柜柜内微环境文物保存环境进行温湿度的立体监测、光照和气体监测，对壁画本体进行表面温度和裂隙监测，旨在了解壁画馆大型展柜柜内微环境的温湿度分布情况，判断文物保护环境及本体病害发育的变化，研究文物与环境影响因素之间的关系，创造最佳的文物保存环境，实现对文物蜕变损坏的有效控制，提高文物保护科技水平。

经研究发现，大型展柜柜内温湿度在一年内有一定变化，展柜一定程度上起到了预防性保护的目的，但未达到严格意义上的恒温恒湿效果；大型展柜内的微环境分布并不均匀，柜内微环境基本呈现下层温度较低、相对湿度较高，上层温度更高、相对湿度较低的规律，因为上层更靠近灯光光源，光照照射的不均匀性导致光照经常照射到的地方温度高、湿度低；壁画表面温度最低18.3℃，最高26.1℃，冬季高夏季低，与展柜内温湿度变化规律一致；展柜内瞬时光照强度符合标准，光照度基本保持在50lx以下，符合壁画的光照推荐值（光照≤50lx）；二氧化碳含量与游客数量有关，通常夏季旅游旺季时游客数量多，二氧化碳较高，疫情时展厅内没有游客，二氧化碳的含量较低。

本项目实施后，通过全面部署监测设备后，将得以掌握柜内微环境三维立体场分布的一手数据资料，能够准确地了解大型展柜柜内微环境的温湿度分布情况，经过数据分析、处理，以三维图像形式表现出展柜内微环境的实时状况，为后期研究病害与各环境因素的相关性提供基础资料，经过大量的数据研究工作，掌握壁画文物保存最佳环境各项指标，为大型复合材料的壁画类文物保护提供相对量化的标准，从而指导此类文物预防性保护工作的开展，也为其他种类文物的预防性保护工作提供借鉴参考。

文物是不可再生的文化遗存，保护文物就是爱惜先人的智慧和创造，传承延续历史文化命脉。文物保护工作历史悠久，在历代文物工作者的不懈努力和接续下，逐渐形成了文物保护的理论和实践成果，《陕西历史博物馆壁画大型展柜柜内微环境场分布研究》只是冰山一角，随着现代经济技术的发展和文物保护利用的加强，我们的文物保护工作将进入一个新的历史阶段。